高等院校资产经营运作模式研究

蔺汉杰　著

中国社会科学出版社

图书在版编目（CIP）数据

高等院校资产经营运作模式研究/蔺汉杰著.—北京：中
国社会科学出版社，2016.4
ISBN 978 - 7 - 5161 - 8141 - 6

Ⅰ.①高…　Ⅱ.①蔺…　Ⅲ.①高等学校—资产管理—研
究—中国　Ⅳ.①G647.5

中国版本图书馆 CIP 数据核字（2016）第 093287 号

出 版 人	赵剑英	
责任编辑	卢小生	
特别编辑	李舒亚	
责任校对	周晓东	
责任印制	王　超	

出　　版	中国社会科学出版社	
社　　址	北京鼓楼西大街甲 158 号	
邮　　编	100720	
网　　址	http：//www.csspw.cn	
发 行 部	010 - 84083685	
门 市 部	010 - 84029450	
经　　销	新华书店及其他书店	

印　　刷	北京明恒达印务有限公司	
装　　订	廊坊市广阳区广增装订厂	
版　　次	2016 年 4 月第 1 版	
印　　次	2016 年 4 月第 1 次印刷	

开　　本	710×1000　1/16	
印　　张	14	
插　　页	2	
字　　数	208 千字	
定　　价	55.00 元	

摘　要

2005年，教育部制定《关于积极发展、规范管理高校科技产业的指导意见》，要求高校坚持积极发展、规范管理和改革创新的指导方针，利用科技和人才优势创办科技企业，坚持产学研结合和与社会相结合，积极引导和推动高校科技产业在规范管理基础上健康发展，同时要求重点建立新型高校产业管理体制，全面推进现代企业制度建设，严格管理高校产业活动和投资行为，全面推进高校科技产业化。次年，教育部又发布《关于高校产业规范化建设中组建高校资产经营有限公司的若干意见》，要求依法组建国有独资性质的高校资产公司，高校所有经营性资产原则都要进入高校资产公司，由其负责经营和管理，确保国有经营性资产保值增值。时隔10年之久，无论高校数量、规模，还是高校性质、定位和内涵发展均发生较大变化，在当初形势下建立的高校资产经营模式在目前经济社会发展态势下，特别是经济新常态下，对国有资产经营管理提出了新要求，也对高校内涵式发展提出了新挑战，因此，重新在新形势下思考高校资产经营模式显得格外必要。

全书共六章。第一章绪论，介绍研究背景、研究意义、研究思路与框架、研究方法、研究内容以及创新之处。第二章高校资产管理理论研究，介绍为完成本研究所依靠的理论基础，包括我国高校资产经营的形成、发展与规范等阶段的历史沿革，便于掌握发展脉络，追溯历史，谋划未来；确定高校资产的性质；产权理论、公司治理理论、委托—代理理论、绩效管理理论和公共产品理论等；同时结合现实需求，研究高校资产经营公司的目标，为后文研究提供理论依据。第三章高校资产经营管理现状与问题，以2012年教育部发布的高校校办企业统计分析报告数据为基础，描述了我国高校资产经营管理的现状，特别是将全国范围内高校校办企业大数据现状与设立资产公司的高校的资产经营状况进行比较。通过比较，分析高校校办企业的特点，陈述我国高校资产经营管理的现行体制与经营模式。第四章高校资产经营管理模式研究，分别从高校资产经营管理体制和资产经营管理体系，资产经营公司组织结构和经营范围，以及高校资产经营管理创新模式等方面进行研究。第五章英国帝国理工学院资产经营模式与借鉴。简单介绍帝国理工学院基本情况，详细介绍其资产经营组织及运作模式；分析该学院资产经营有效运作的主要措施；结合我国高校资产经营现状提出具体思考以供我国高校参考与借鉴。第六章高校资产经营管理保障机制研究，分析高校资产经营管理绩效评价的主体、作用和难点，研究高校经营性资产绩效评价方法、评价指标和评价体系等，以了解高校资产经营模式所取得的效果；高校资产经营监督管理研究，包括监督体系与绩效审计等；高校资产经营管理内部控制研究，包括内部控制的意义、目标、原则，以及内部控制框架构建、内部控制措施和体系建设等；高校资产经营管理信息披露研究，包括高校资产经营信息化建设、管理报告制度、举报投诉机制，以及资产经营管理任期考核制度与披露机制等。

关键词： 高校　资产公司　校办产业　经营管理　公司治理

目　　录

第一章　绪论

第一节　研究背景

高等院校（简称"高校"）具有现代社会智力资源培养功能，其自身发展成为维系一个国家与民族持续竞争力的关键。但由于历史原因，我国高校发展出现了较大起伏，随着计划经济体制向市场经济体制的转变，高校领域也处于一个转型阶段，因此在国家对高等教育领域进行资源倾斜，我国高等教育进入高速发展轨道之后，高校作为自治主体也相应获得大量资产资源，许多高校通过建立专门资产经营公司对自身资产进行经营运作，但由于高校是事业单位，自然受治理体制约束，使其在实践中仍然产生诸多问题。

从组织性质看，资产经营公司拥有自身的独特定位。在我国，高校资产经营公司与其他普通公司在性质上有较大区别，它既不是高校控股公司，也不是高校与社会资本共同发起的公司。高校设立资产经营公司，目的在于对高校经营性资产进行运营，盘活资产，实现保值增值，以促进人才培养、科学研究和为社会服务。由于高校的社会化和非营利性质，高校在盘活资产、实现保值增值的同时，必须防范风险，保持高校稳定发展，组建高校资产经营公司的目的也在于隔离高校自身资产与社会化企业经营，并回避高校从事社会化经营带来的经营风险。从高校发展历史角度看，高校直接从事经营的企业由于自身经营所带来的风险，通常由高校承担，校办企业一旦出现责任纠纷，高校作为风险承担主体必须承担大部分的风险，这种体制机制很容易对高校自身的教育科研职责造成重大冲击。为了阻止此类情况发生，国家教育部门要求高校组建资产经营公司，将其风险承担的职能与高校自身进行切割。为此，高校资产经营公司与学校之间必须形成明确责权划分，高校资产经营公司必须形成独立的法人架构，实现公司化运作，从而将高校承担的经营风险转移到资产经营公司之上。

本书以高校资产经营公司作为研究对象，将现代公司治理结构引入高校实体，以完善高校资产经营体制。企业作为市场经济活动的主体，必须按照市场机制运行的规律运行，高校对其资产进行市场化经营也必须顺应内在规律。如何在市场经济条件下对高校资产经营体制进一步改革，建立与现代市场经济体制相适应的现代公司治理结构，成为高校资产经营体制改革所需要面对的重要问题。

党的十八大以来，提出了高等教育现代化治理目标，而高校资产经营作为高校的特殊部分，既有高校体制内的特点，又有与社会相联系的特性，其管理体制改革自然是高校治理结构的核心内容，也是高校治理的难点。现阶段，我国高校资产经营管理体制存在诸多问题：一是我国高校资产经营公司与高校自身权责不清晰。随着企业改革不断深化，高校资产经营公司都按要求建立健全现代企业治理结构，但在具体实施过程中仍然存在较大的混乱，主要表现在高校资产经营公司与高校自身管理层的权责依然存在边界模糊的问题，所有权与经营权没有分离，高校行政权力高于资产经营公司董事会权力，距离建立现代化公司治理结构仍然有较大距离。二是高校资产经营公司的成立与运营并没有达到其承担起构建高校产学研一体化发展责任的初衷。近年来，全国范围内都在探讨如何促进高校科技成果转化，可是高校科研成果转化依然乏力，研究成果多，转化应用少，转化效率与效益不高。各级教育部门和科技部门出台了大量的政策扶持，开展了丰富多彩的相关活动，形成了一定的实际转化效果，但并不显著，问题的关键在于高校自身缺乏产学研一体化转化机制，尽管高校设立了资产经营公司，但因体制机制障碍，在科技成果转化过程中出现角色缺位，许多资产经营公司没有达到成立时的初衷。三是高校资产经营公司自身体制建设不完善。目前，高校资产经营公司隶属于不以营利为目的的高校，加上资产经营公司还属于国有性质，缺乏绩效观念，缺乏风险意识，淡化考核，疏于管理，特别是管理机制缺失和漏洞导致一些失败或腐败的案例时有发生。正是因为上述问题，对高校资产经营公司的治理结构、产权管理、管理体制、绩效考评等方面进行系统研究尤为必要。

第二节　研究意义

按国家教育部门对高校资产管理要求，高校改革必须坚持对经营性资产与非经营性资产分开建立管理制度，对校企不分导致高校经营性公司引发的责任进行管控。在此改革要求下，最有效的方法就是建立独立于高校自身管理之外的自负盈亏、自主经营的法人机构，从而实现责权分离，并促使高校自身资产保值增值。研究高校资产经营公司这一独立的法人机构具有理论意义和实践价值。

一　理论意义

（一）丰富与完善现代企业理论

高校资产经营公司投资人是高校，而高校也有全资控股、绝对控股、相对控股或参股之分，也由此导致资产经营公司具有一定的国有性质，加之高校的非营利性与资产经营公司的营利性，这些都会让资产经营公司与其他现代企业相比具有特殊性，在治理结构和管理体制上的复杂程序可想而知。因此，以这一特殊股东（投资人）成立的资产经营公司作为样本，研究其特殊的治理结构和管理体制，对完善和丰富现代企业制度具有理论意义。

（二）理顺和改革高校资产管理体制

高校资产经营公司作为高校改革一大突破口，推动了整个高校资产经营管理体制的改革与创新。研究高校资产经营公司，可以有效实现高校资产经营分散管理的局面；通过校企分开改革填补高校资产经营过程中产权责任主体不明的弊端，进一步实现高校去行政化改革的目标。通过研究高校资产经营公司，在解决资产管理体制的同时，还有助于完善高校治理，提高高校治理现代化水平。

二　实践价值

（一）规避高校资产风险，保障高校规范发展

高校的职能是人才培养、科学研究和社会服务，但高校在其发展过程中，为了保障这三大职能，出现并积累了大量的资产，这些资产的集中或分散使用产生了资产经营管理的问题。仅就当前，国家提倡"大众创新，万众创业"，要求鼓励高校科技成果转化，转化方式之一是校企合作，由此也形成了资产，有的直接注册公司。这些为了保障高校正常发展的资产和科技成果转化引导下的资产或资产公司，在其运作过程中自然会带来风险，原因是资产公司的两权分离问题、治理结构问题、公司目标定位问题等。因此，研究高校资产经营公司，可以解决规范经营，防范风险，让高校围绕三大职能在规范的轨道上运行。

（二）促进科技成果转化，挖掘高校科技潜力

长期以来，国家科技创新的成果多数来自高校，但并不代表着高校科技潜力完全被释放出来，其中主要原因之一就是科技成果转化没有通畅的渠道，高校科技工作者没有转化的动力。高校成立资产经营公司的主要任务之一就是将高校科技成果通过市场化方式加以运作，保障科技工作者和高校的利益。因此，通过对资产经营公司的研究，一方面可以激发科技工作者加强有针对性和现实性的科学研究，另一方面可以实现高校为社会服务的价值。

（三）理顺公司与高校关系，有效地促进高校发展

高校资产经营公司由高校资产划拨组建，由此可能带来公司内部存在着责权不明晰、法人治理结构不完善、内部控制体系缺乏等问题。通过研究，可以通过资产经营公司通过对高校存量资源的整

合优化，实现资源的高效利用，也可以让高校集中精力和财力加强三大职能建设，同时通过资产经营公司的规范、有效运作，创造效益，缓解高校经费不足问题。

第三节 研究思路与框架

本书以高校资产经营公司作为研究主体，着重探讨当前条件下高校资产运营的可行模式，并在当前国内外相关实践经验基础之上对我国高校资产经营运作进行深入探讨。按照本书设计的研究内容，研究思路是：

第一，进行理论研究，说明本书的研究意义、研究目标、研究方法、研究内容和研究框架，介绍本书研究所运用的理论基础；

第二，对我国高校资产经营的现状进行描述，便于掌握高校资产经营情况，找出我国目前高校资产经营存在的问题，并对此进行简要分析；

第三，根据我国高校资产经营管理现状，结合高校发展目标，研究高校资产经营管理的模式，并形成管理框架；

第四，为了验证第三部分探讨形成的高校资产经营模式的可行性和先进性，介绍英国帝国理工学院成立的帝国创新集团关于资产经营的先进模式与做法；

第五，在本书的最后通过研究资产经营公司的绩效评价、监督管理、内部控制和信息披露，为高校资产经营公司的健康发展提供制度保障。

本书采取多种研究方法，构建系统研究框架，以达到研究目的，解决现时背景下我国高校科技成果转化以及资产运作的问题。具体研究思路框架如图1-1所示。

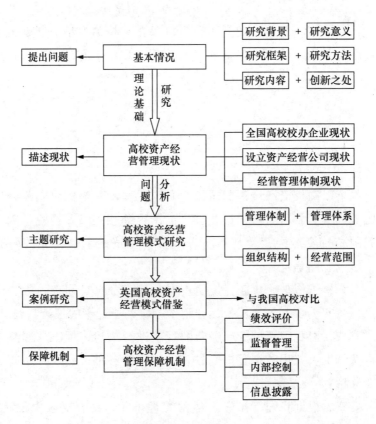

图1—1 研究思路

第四节 研究方法

为了完成研究内容，达到预定目标，本书采用以下研究方法。

一 文献研究法

通过对文献资料的研究，厘清目前国内外学者对于高校资产经营运作理论或方法的最新研究成果及动态。这些文献中研究成果不仅为本书选题和分析提供理论基础，也在研究方法和思路上具有极大的借鉴作用，为解决我国高校资产经营的创新模式指明了方向。

二　统计分析法

目前，数学已渗透到一切科研领域，使科研日趋量化，电子技术的运用和发展，拓宽了统计分析方法的应用范围，使之成为自然科学和社会科学研究中不可缺少的研究方法。本书运用系统分析的思想，将高校资产经营公司的运作作为一个系统，通过数据的收集、比较与分析，系统翔实地分析目前高校资产经营存在的问题，以便找出有针对性的解决方案。

三　定性和定量综合分析的方法

高校资产经营运作效果受到多种因素的影响，本书通过寻找影响因素，对因子予以定性分类，同时利用相关数据利用定量分析法进行对比分析，定性和定量的结合有助于全面高校资产经营管理的实质，以使研究结论有针对性、可行性和创新性。

四　案例研究法

通过英国帝国理工学院关于以创新为主题成立的帝国创新集团为案例进行研究，充分借鉴世界一流大学资产经营的经验，对我国高校资产经营提供有益借鉴和参考。

第五节　国内外文献研究

目前，关于高校资产经营管理的研究，大部分主要是在研究高校本身管理问题时将高校的资产经营作为一个附属内容，如在研究高等教育发展、教育治理或大学治理时涉及资产经营。即使是对高校资产经营管理的专门研究，也只是主要集中在高校企业的发展模式和管理体制方面，并且研究内容较为分散，缺乏对高校资产经营运作模式的系统性研究。本书在此对国内外相关文献进行了梳理。

一　国外文献研究

国外高校并没有设立专门资产经营公司，其资产经营运作通常采用设立专门的资产管理委员会的方式进行运作。资产管理委员会对高校资产进行统一的管理，缺少专门性的公司化运作。国外学者在高校资产经营这一方面的研究成果主要分布在现代高等教育发展、公司产权研究、资产运作模式三大方面，其研究成果涵盖了大量的基础理论研究和实践应用。

（一）高校资产经营性质定位方面

彼得·德鲁克（P. F. Drucker）在《非营利组织的管理》一书中对非营利组织进行了定义，是指不以营利为目的的组织，其涉及的领域非常广，包括艺术、慈善、教育、学术和环保等。它的运作并不是为了产生利益，这一点通常被视为这类组织的主要特性，同时具有非营利性、民间性、自治性、志愿性、非政治性和非宗教性等重要特征。高校作为高等教育的载体，其本身为非营利组织。T. Levitt 在 *The Third Sector：New Tactics for a Responsive Society* 中通过从部门划分的角度对非营利组织进行界定，并使用第三部门（Third Sector）的称谓，用以表示介于政府与企业之间的各类社会组织角色，指出非营利组织往往具有较大的创新能力，对社会规则起到传承与完善的作用，并通过提供社会服务创新形式满足民众的相关需求，社会非营利组织的意义在于实现社会的公共使命。

萨缪尔森（Paul A. Samuelson）在《公共支出的纯理论》（*The Pure Theory of Public Expenditure*）中指出，公共产品具有效益总体性、消费普遍性和收益非排他性，教育作为一个特殊服务产品，可以按照不同公共产品的定义区分为公共产品和私人产品。英国学者帕特里夏·帕廷顿（Patricia Partington）和卡罗琳·斯坦顿（Caroline Stainton）在《员工发展管理》（*Managing Staff Development*）中指出，教育具有非营利性质，不以营利作为经营性行为的评价标准，并认为义务教育不具有排他性，其费用支出由国家税收提供，因此属于公共服务产品；私人教育具有严重的排他性，其费用支出由个人承担，价格由市场价格机制形成，因此属于私人产品；高等教育介于二者之间，其支出由国家税收与自身费用收取共同构成，具有一定的排他性，因此属于准公共产品。伯顿·R. 克拉克（Burton R. Clark）在《高等教育系统——学术组织的跨国研究》中指出，高校自身的经营行为是以实现公共利益为目的，高等教育不仅要注重自身的管理，更要注重自身的经营，只有良好的经营行为才可以创造更多资源，提升高校自身的成长与积累能力。

（二）高校资产经营公司产权关系方面

1. 产权关系重要性研究

高校设立的资产经营公司，成为独立的法人组织，其健康的发展取决于公司与作为投资方的高校的产权关系，理顺产权关系对建立资产经营公司治理结构具有重要意义。国外关于产权的研究将对高校资产经营公司规范起到主要决定性作用。现代产权理论奠基人科斯（Ronald H. Coase）在《企业的性质》、《社会成本问题》中指出企业在现代市场经济中的地位，并认为市场交易过程中存在由于摩擦而产生的交易成本，交易成本与交易界区的清晰度直接呈正相关，通过对产权的定义，对由此产生的成本及收益的论述，从法律和经济双重角度阐明了产权理论的基本内涵。布坎南（G. Buchanan）、舒尔茨（C. Sehultze）和张五常（Steven Cheung）等在自身研究过程中也指出了市场经济自发活动具有内在缺陷性，这一缺陷集中体现于外在性，外在性根源于企业产权界限的不明确，由此导致交易行为的交易成本，这些交易成本会极大地影响资源的配置，指出考察企业利润最大化的内在经营逻辑之时，必须考虑相应的产权制度。科斯同时提出了产权理论中著名的"科斯定律"，指出没有产权的社会处于一个资源配置低下且无效状况，并且产权制度具有四大特征：①明确性，即它是对于产权规则维护的系统，能够通过强力手段维护产权权利；②专有性，产权人的行为直接对其行为产生的损益负责；③可转让性，产权及其附带的权力可以进行转移，产权人的转移行为可以获得相应等价补偿；④可操作性，"科斯定律"指出了清晰的产权同样可以很好解决外部不经济。纳尔逊（Nelson）在 *Industry Structure and Supporting Institutions* 中指出，制度是对某些社会组织和团体行为的约束和规范，明晰的产权关系能够最大限度地减少额外成本，指出一切经济交往活动的前提是制度安排，这种制度实质上是一种人们之间行使一定行为的权力。伯曼和韦斯特（Berman and West）在 *Productivity Enhancement Efforts in Public and*

Nonprofit Organizations 一文中指出，明晰的产权关系可以明确规定当事人可以做什么，然后通过权利的交易达到社会总产品的最大化。[①]

2. 高校资产经营公司内部产权关系

贝利和米恩斯在《现代公司与私有产权》一书中提出"两权分离"现象，即现代公司已经发生了"所有与控制的分离"，公司实际已由职业经理组成的"控制者集团"所控制，因此需要建立"委托—代理机制"解决"两权分离"带来的负面影响。[②] 贝戈特·霍尔姆斯特罗姆和保罗·米尔格罗姆（Begot Holmstrom and Paul Milgrom）在 *Multi - task Principal - agent Analyses：Incentives Contracts，Asset Ownership and Job Design* 一文中指出，就公司经营者而言，其在日常运营中处于核心地位，与公司其他成员形成明显的信息不对称，因此存在利用自身优势，通过损害公司利益追求自身利益的道德风险。为了规避此类道德风险，保证公司利益最大化，实现公司资本和效益的最优运行，必须引入公司治理机制，实现制度纠偏。史蒂芬·A. 罗斯（Stephen A. Ross）在 *The Princi Pals' Problem* 中指出，公司治理机制的目的就在于将代理问题带来的风险降到最低，具体而言，就是通过积极制度的安排，促使公司经营者服务于所有者利益最大化的公司经营目标。

（三）高校资产经营公司运营方面

20 世纪 80 年代以来，随着全球竞争性市场体系的进一步构建成熟，以及新自由主义经济思潮的兴起，西方国家政府对于经济的干预进一步减少，大量经济部分开始引入市场化竞争机制，较大程度提升了相应领域的经济竞争力。亚当·斯密（Adam Smith）在《国富论》中就已经指出了价格、竞争、供求机制是市场经济的三大基本机制，竞争机制带来了资源配置上的高效。尤金·法马（E. F. Fama）在 *Agency Problems and the Theory of the Firm* 中指出，对国有企业进行私有化改造可以盘活国有资产，激活国有企业市场竞争

---

① 转引自张杰《西方产权理论文献综述》，《中国电子商务》2012 年第 5 期。
② 转引自戴中亮《委托—代理理论述评》，《商业研究》2004 年第 19 期。

力，主要做法是进行股份制改造，通过出售国有企业部分股权，让一部分民间资本运营。

彼得·德鲁克在《公司理论》与《现代商业理论》中指出现代化的公司治理对于资产经营效率的巨大提升，在资产经营中引入现代公司化治理的结构以提升自身的资产经营效率。Bajari、Patrick、和 Steven Tadelis 在 *Incentives Versus Transaction Costs：A Theory of Procurement Contracts* 一文中指出，政府机构通过选派代表参加股东大会和监事会，或者是通过对企业的重大事项进行审查与决策两个途径对企业进行影响，这样的资产运作形式能够赋予国有资产经营方更大的自主权，吸引更多外部资本进入企业，降低政府财政负担，减少政府经济负担，并提高国有资产经营的经济效益。

Najla Abdulla Al Bannai 在 *Geo – Located I. T. Assets Management：The Case of University of Sharjah，Sharjah，UAE* 中指出，公司治理根植于符合现代市场经济运行要求的经济组织，其核心内容在于其监督激励制度，公司治理不仅仅着重于研究公司经营结构中的权利制衡，也着重于研究利用公司治理结构实现公司决策的科学有效，从而实现公司利益的最大化。威廉姆森（Williamson）研究了企业内部的科层制问题，认为虽然科层制可以带来专业分工的好处，但是多级数的科层制会带来信息扭曲，产生"控制损失"，因此需要确定最优的科层数目。奥利弗·哈特（Oliver Hart）在《公司治理理论与启示》中对现代公司治理理论提出了框架性的意见，并在此基础之上提出了公司治理的两大普遍矛盾：首先是权利代理问题，在公司内部治理结构的地位不同，必然存在一定的利益矛盾；其次是交易成本的存在使得代理问题无法通过企业进行解决。[①]

孟德斯鸠在《论法的精神》中提出了以三权分立为代表的分权制衡治理模式能够带来足够的相互监督与制约，从程序上构建科学的权责对等管理框架，从而在制度上保证权力滥用的风险。斯科

---

① 转引自时颖《公司在公司合约中的角色考评》，《兰州大学学报》（社会科学版）2011 年第 5 期，第 145 页。

特·E. 哈林顿（Scott E. Harrington）较早地阐述了风险管理与内控制度的关系，他指出风险管理已成为现代企业管理不可或缺的部分，企业必须是客观的，从内控角度去全面理解今后所面临的各种风险。詹姆斯·马奥尼（James Mahoney）在 *Path Dependence in Historical Sociology* 一文中指出，西方各国对于国有资产管理方面主要采用两种方式进行管理，其一为国家直接管理方式，其二为利用委托—代理关系，即所有权与经营权相分离的管理方式，西方高校在自身的资产管理过程中也借鉴了类似的思路，形成了以德国、美国、英国、日本为代表的具有较为鲜明特色的资产经营运作体系。布尔·威特（Bill Waite）根据英国公布的《内部控制基本框架》（《Turn-bull（特恩布尔）指南》），设计了一整套风险管理模型，文章指出内部风险控制必须通过构建完整权力制衡机制，通过建立权责分明的内控体系，实现资产管理中的公开、民主、透明，避免管理人员的道德风险。劳拉·F. 斯皮拉（Laura F. Spira）经过研究后认为，《特恩布尔指南》关于风险管理的观点是在充分研究内部控制理论的基础上，将风险的观点与对内部控制理论相结合，对内控性质进行更深层次的定义。

二 国内文献研究

1999 年以来，我国高校资产经营随着引入市场机制进行改革的深化，相关领域的研究逐渐增多。以 2006 年 5 月为时间节点，我国出台了《事业单位国有资产管理暂行办法》，以此为依据，多数学者在高校资产经营领域的研究获得较大突破。

关于高校资产经营运作方向。中国人民大学吴克禄（2007）提出："高校资产经营公司的发展方向应该遵循以下几项原则：创办发展科技企业应以转化科技成果为主，以孵化小型科技企业为工作重点；创办和发展科技企业，走产学研结合的道路，以技术入股为主要方式；建立投入、撤出、再投入的良性循环和持续发展的机制。"[①] 杨继瑞教授认为，高校经营性资产运营主要方向是发挥高校

---

① 吴克禄：《高校资产经营公司的治理模式探析》，《中国高校科技与产业化》2007年第 8 期。

的科研优势和人才优势，大力发展高科技企业。高校科技企业在地理位置的发展趋势是从校园走向校外，主动融入市场，并不断了解市场，适应市场，驾驭市场，将知识转化为生产力，使高校科技型企业做大做强。① 高校科技企业除了利用学校周边的土地开展面向市场的产业化之外，还应积极向与高校科技企业相关的产业聚集地靠拢，在专业化强的环境下壮大，形成高新企业集群。

关于高校资产经营公司管理运作。2005 年教育部发布《关于积极发展、规范管理高校科技产业的指导意见》（教技发〔2005〕2号），明确指出我国高校资产经营管理的发展方向，提出高校产业经营要通过组建专门化的资产经营公司的要求。时任教育部长明确提出高校企业推动现代化公司治理的时间安排，并对其中的现代化公司治理改革内容提出明确的要求。我国学者沈永祥（2007）对高校资产经营公司的性质和定位提出相关理论，认为高校资产经营公司必须承担起实现高校产学研转化的责任，必须构建起高校智力资源与社会生产的孵化平台，必须承担起高校科研成果与高校企业经营的中介平台，通过对高校存量资源的整合，搭建高校智力资源与社会化生产的企业孵化平台，从而实现高校资产的不断增值。② 我国学者江文清（2004）对我国高校资产经营公司的运营管理问题进行翔实系统研究，提出高校资产使用必须进行费用偿付的理念。③ 学者谢秀俤（2006）则是针对高校资产管理的相关制度问题提出自己的观点，并针对其不足构建新型框架，有创造性地提出一个外延资产概念。④ 何世春（2009）对我国某地高校资产经营状况进行深入研究，提出由政府主管部门、高校管理层以及资产经营公司构成

① 参见严轩琳《高校资产经营公司绩效评估研究》，硕士学位论文，江苏科技大学，2010 年，第 4 页。
② 沈永祥：《论高校资产经营公司的性质和定位》，《现代管理科学》2007 年第 12 期。
③ 江文清：《高校国有资产管理绩效评估体系的构建初探》，《四川大学学报》（哲学社会科学版）2004 年第 3 期。
④ 谢秀俤：《高校国有资产管理体制改革与新型框架的建构》，硕士学位论文，福建师范大学，2006 年，第 8 页。

的多层级管理组织结构，并提出比照市场化经营公司三种不同的经营模式。① 何曙光（2002）通过实证分析"华中科技大学的后勤社会化改革"案例，展开对高校后勤社会化及其资产管理模式探讨，创新之处在于探索高校后勤实行股份制改造。②

　　关于高校产业规范化建设。学者程家旗、王俊清（2015）在对我国高校资产经营公司的内部控制系统进行系统研究指出，我国高校资产经营必须理顺三大关系，即深入推进校企分离、明晰产权关系、理顺人事制度。③ 学者吴新明（2006）在高校资产经营公司体制创新的课题研究中也指出，当前高校资产经营管理体制的主要内容是推进高校企业管理体制改革，推进高校资产经营公司活动的规范化程度。④ 阎达五、杨有红、胡燕等（2001，2004）认为，高校资产经营公司的内部控制框架是公司治理不可或缺的部分，二者为互为管理监控和控制环境的关系；完善内控系统建设是公司治理规范创新的有效途径，公司治理规范必须对内部控制机制的构建提出基本要求。⑤ 薛保兴等（2006）提出，高校资产经营公司的评价除了对营利性指标的反映之外，还应该具有高校特色，高校资产经营公司的评价体系除了盈利能力外，还应该考虑资产的转化能力、资产经营公司的营运能力。⑥

　　关于高校资产经营公司管理。张兆亮（2008）对高校资产经营公司的母子公司关系进行研究，认为高校资产经营公司在处理母子

---

① 何世春：《重庆市高校国有资产运营机制的研究》，硕士学位论文，重庆大学，2009 年，第 31 页。

② 何曙光：《高校后勤社会化及其资产管理模式的探讨》，硕士学位论文，武汉理工大学，2002 年，第 26 页。

③ 程家旗、王俊清：《经济新常态下高校科技产业可持续发展的若干问题》，《中国高校科技》2015 年第 2 期。

④ 吴新明：《资产经营公司是高校对产业进行有效管理的新型体制》，《中国高校科技与产业化》2006 年第 S1 期。

⑤ 阎达五、杨有红等：《内部控制框架的构建》，《会计研究》2001 年第 2 期；杨有红、胡燕：《试论公司治理与内部控制的对接》，《会计研究》2004 年第 10 期。

⑥ 薛保兴、王涛、李华：《高校资产经营公司的组建实践》，《中国高校科技与产业化》2006 年第 12 期。

公司关系时，必须处理好权力集中与分散尺度，通过管理体制、运营模式以及运营手段的创新，实现母子公司的协同发展。① 郝秀梅、刘青勇（2007）也对高校资产经营公司的母子公司关系进行了研究，从另一个角度提出其关系处理的意见，认为母子公司可以通过法人治理结构的合理设计，授权体制的合理规划，达到理顺母子公司关系的目的，并通过明晰母子公司的产权界限，实现不同环境下的差异化管理。②

关于高校资产管理内部控制。辛金国、张淑萍、雷雨等（2002，2010）指出，在企业经营过程中，亏损企业大多是因为内部控制制度不够完善，盈利企业则大多内部控制机制比较健全，即企业经营效果与其内部控制关系成正比。③ 郭红艳（2013）认为，高校资产经营管理必须建立健全高校固定资产内部控制制度的措施④，如建立健全管理体制，设立校级资产行政管理机构，对划归本部门管理的资产负责；运用固定资产管理信息系统，对资产进行全程动态管理；加强效益考核，建立考核指标体系，实现量化考核，建立适合本校固定资产管理的绩效考评指标体系；加强内部和外部监督，高校的审计部门由监控和审计高校的内部控制，高校还应该接受外部的监管，上级财政部门可以每年审计部分高校。张俊民、肖序等（2001，2006）指出，企业内部会计控制必须实现按目标、分层次进行设计，必须按流程和风险点确定内部控制制度设计的思路，确保任务落实到人、授权适度到位。⑤

---

① 张兆亮：《高校产业母子公司管理控制体系初探》，《中国高校科技与产业化》2008 年第 7 期。

② 郝秀梅、刘青勇：《浅论高校资产经营公司对下属企业的管理》，《中国高校科技与产业化》2007 年第 4 期。

③ 辛金国、范炜、马艳萍：《企业内部控制问题的调查与分析》，《浙江财税与会计》2002 年第 7 期；张淑萍、雷雨：《我国内部控制理论研究述评》，《安康学院学报》2010 年第 3 期。

④ 郭红艳：《基于内部控制理论的河北科技师范学院固定资产管理研究》，硕士学位论文，燕山大学，2013 年，第 36 页。

⑤ 肖序、田丽敏：《企业内控制度的流程设计思路》，《甘肃农业》2006 年第 9 期；张俊民：《企业内部会计控制目标构造及其分层设计》，《会计研究》2001 年第 5 期。

三　文献综述评价

综合国内外文献研究可以发现，发达资本主义国家在高校资产经营运作方面与国内研究有较大差别。国外该领域研究从属于高等教育研究领域、公司治理领域。得益于历史原因，发达资本主义国家的研究成果呈现出理论研究范围广、程度深的特点，实际应用广泛，形成了众多具有特色的模式。国内研究方面，现行理论成果大部分是在西方现有成熟理论基础上的本土化应用，基本上处于理论应用方面，对于基础理论的研究较为缺乏。对于高校资产经营运作领域而言，国内研究集中在资产经营公司的运作模式、内部制度建设以及其他相关内容研究等方面。本书将以国内外理论实践研究为基础，采用综合分析方法，多维度深入剖析高校资产经营运作的相关研究，力争对我国高校资产运营模式进行创新性探索，围绕研究目标提出思路，希望能够起到抛砖引玉的作用，为该领域的研究提供有益借鉴，达到前文所述的理论意义和实践价值。

第六节　主要内容与创新

本书除绪论部分之外，主题包括五大板块，从不同方面对高校资产经营运作进行剖析研究。

第一章，绪论。介绍研究背景、理论意义与实践价值，确定研究思路与框架、拟采取的研究方法，按照本书主旨确定相应的研究内容等。

第二章，高校资产管理理论研究。主要分析我国高校资产经营的形成阶段、发展阶段与规范阶段等不同历史时期，根据国家教育部门对高校资产管理的要求，高校进行的相关改革；确定高校资产的性质；在本文研究中运用到的产权理论、公司治理理论、委托—代理理论、绩效管理理论和公共产品理论；研究高校资产经营公司的目标。

第三章，高校资产经营管理现状与问题。主要包括根据高校校办企业统计分析报告数据，描述我国高校资产经营管理现状，尤其是全国高校校办企业现状、高校设立的资产公司现状；分析高校校办企业的特点；陈述我国高校资产经营管理的现存体制与经营模式。

第四章，高校资产经营管理模式研究。主要包括高校资产经营管理体制研究、资产经营管理体系研究、资产经营公司组织结构研究以及资产经营公司经营范围研究等。

第五章，英国帝国理工学院资产经营模式与借鉴。英国帝国理工学院的最大特点就是创新，其创立的帝国创新集团在英国高校资产经营模式上最具有代表性。作为案例研究部分，首先在了解学院基本情况后，介绍帝国理工资产经营组织及运作模式；其次分析帝国理工资产经营有效运作的主要措施，描述帝国理工资产经营发展前景；最后结合我国高校资产经营现状提出借鉴与参考。

第六章，高校资产经营管理保障机制研究。主要研究：高校资产经营管理绩效评价，包括研究高校资产经营管理绩效评价的主体、作用、难点，高校经营性资产绩效评价方法、指标、评价体系等；高校资产经营监督管理，如监督体系与绩效审计等；高校资产经营管理内部控制，如内部控制的意义、目标、原则以及内部控制框架构建、内部控制措施和体系建设等；高校资产经营管理信息披露，如高校资产经营信息化建设、管理报告制度、举报投诉机制以及资产经营管理任期考核制度与披露机制等。

本书创新是：

第一，对高校资产经营运作模式进行系统研究，拓展该领域研究的范围，试图形成高校资产经营运作框架，并期望提出一些可靠的参照准则和制度安排，为今后高校国有资产的经营运作提供理论基础。

第二，在高校资产管理经营运作的相关体制研究中，试图提出科学的基本框架与相应的组织架构，并进行良好的责权匹配，以促进高校治理和治理能力现代化改革。本书通过理论与实践相结合，分析高校资产经营运作现存的问题，对经营性与非经营性高校资产做严格的区分，提出的可以操作、具有务实性的制度体系构想，希望为我国高校资产经营管理体制的改革提供有益参考。

第三，研究了高校资产管理运作创新模式，以具有健全治理结构的资产经营公司为中心，辅助构建由高校、政府、企业三方共同构建的科技成果转化基金等资本运作途径，通过引入产业园、孵化器、科技园等市场化竞争平台，搭建高校资产经营运作模式。

第四，高校资产具有国有性质，因此高校资产经营管理体制改革也是深化国有企业改革的具体体现。在我国目前深化国有企业改革的现实背景下，将高校资产作为国有资产管理研究的内容，并按市场化改革思路，对其保障机制进行思考，试图提出绩效评价、监管制度和信息披露制度为核心的资产管理保障机制，以避免在高校资产运作模式探索过程中出现高校资产流失，这些研究延伸可能会拓展国有企业改革的范围。

第二章　高校资产管理理论研究

第一节　高校资产经营管理历史沿革

我国高校资产经营管理历史可以大致分为三个阶段。

一　形成阶段

我国实行计划经济体制的情况下，高校资产经营管理采取的也是计划经济管理模式，国家向高校提供的各类资源都是无偿的，自然形成高校资产。但是，随着时间的推移，社会主义市场经济在发展过程中许多事情发生新变化，而仅仅依靠国家的无偿提供已经远远不能满足高校为了长远发展而需要的资金与各类教学设备支持。高校为了获得更多的发展资金与教学设备，将目光转向了银行贷款，尤其在改革开放以后高校贷款更是成为一种趋势，因此产生了新的问题，银行为了控制贷款质量降低贷款风险，会对需要贷款的高校进行严格调查与资产评估，高校逐渐意识到资产管理对于贷款的重要性。

二　发展阶段

伴随社会主义市场经济的发展，高校为了适应经济体制的改变，教育体制也不断地发展。高校为了满足长远发展在完成既定的教学与科研目标以后，纷纷以不同方式开始参与到市场经济中，通过开办各类的高校自主经营企业促进科技成果转化，从而增加高校的资金支持。这一势态在20世纪90年代以后更加明显，而高校通过这些活动同时在市场机制中形成了大量新的各类资产。

三 规范阶段

多年来高校资产经营管理，一直是法律真空，法律法规的缺失与没有统一的规范制度导致这方面存在一些问题。有些高校在对自己的资产经营管理方面进行自我核查后发现问题，最为突出的就是高校资产大量闲置与流失，同时资产管理十分混乱，即国有资产私有化，以及经营性资产产权归属混乱，这些问题导致高校资产管理缺乏效率。因此，教育部从 2001 年起开始对高校资产经营管理进行逐步规范，"建立新型高校产业管理体制"则是首要目标。2005 年，《教育部关于积极发展、规范管理高校科技产业的指导意见》（科技发〔2005〕2 号）和《教育部关于高校产业规范化建设中组建高校资产经营有限公司的若干意见》（科技发〔2006〕1 号）规定，高校必须将自己原有校办企业中的经营性资产全部抽离，由高校自己依法建立的资产经营公司经营管理，而学校不能再进行校办企业直接投资等活动。高校所拥有的经营性资产的各类占有权、经营权和处置权全部由高校依法建立的资产经营公司接手，同时高校建立的资产经营公司需要对高校经营性资产的盈亏负责，高校依法建立的资产经营公司是由高校全资承担责任，因此资产经营公司的性质依然是国有。高校通过建立资产经营公司，使高校本身不能继续参与高校经营性资产的经营活动，这样就避免了将高校暴露于承担无限责任的风险中，将高校很好地与经济市场隔离。

高校根据教育部的法规文件建立的资产经营公司是一种高校与市场、高校与校办企业之间的纽带，主要承担如下职能：管理校办企业、经营投资、科技成果转化、协调学校学科与学校产业间的互动。与其他类型企业相比，高校资产经营公司在科技成果转化以及促进学校学科发展等方面具有独特的优势及使命。一方面，资产经营公司对于校办企业起到一种规范的作用，对校办企业或者各类高校控股参与管理的企业加强规范，更好地调动整合高校所拥有的所有资源，优化配置，强化高校学科建设，重点支持优势项目与高科技项目，促进整个高校产学研整体发展。另一方面，校办企业通常采用的管理模式是纵向行政管理模式，而资产经营公司的建立会使这一管理模式发生改变，逐步变为横向的法人治理股权管理。过去由高校各部门、各单位分别管理的校办企业资产，现在则全部由资产经营公司接手，由资产经营公司对资产进行划转与评价，这样使得高校的资产经营管理更加高效、分工清晰、责任明确。从上述两点可以看出，高校建立资产经营公司不仅可以为高校提供发展的资金支持，同时可以将高校的创新性产品推广，为高校的长远发展，甚至是高校毕业生的就业提高更多机会。通过近几年的发展，到目前为止，部分高校建立了属于自己的资产经营公司，根据 2012 年度全国普通高校校办产业统计分析数据，全国共有 29 个省（自治区、直辖市）（新疆生产建设兵团、西藏自治区和宁夏回族自治区未报送数据）的 489 所普通高校参加了全国普通高校校办产业统计工作，涉及企业共计 3478 个，其中一级企业 1751 个，二级企业 1727 个，参加 2012 年度全国普通高校校办产业统计工作的资产公司①共计 222 个，设立资产公司高校占参加统计工作高校总数的 45.40%。

第二节　高校经营性资产性质

一　高校资产概念界定

（一）资产概念

在企业生产销售经营这一系列活动中，可以参与到其中发挥作用并且能够实现自我价值的保值甚至增值的财产叫作资产，分为固定资产与无形资产。在生产方面，资产的价值不一定体现在其能实现多少利润，因此为了实现资产的全部价值就需要将资产投放到市场中，使这部分资产得以在市场经济的各类经营活动中体现其自身价值，在资产保值的基础上最大化地带来增值收益，完成获取更多利润的最终目标；而另一些并没有投入到经济市场

---

① 为了与国家教育部门和有关统计数据一致，本书统一采用"资产经营公司"表述。

中的资产，例如投放到社会公共服务中的资产，这部分资产表面上看起来也在市场经济的各项经营活动中发挥其自身价值，但并不是以获取更多利润为目标，而是以为社会提供服务为目标，其自身价值的实现方式是以提供更多更优质服务而完成。根据前文描述，可以推断资产具有以下特点：（1）资产在单独情况下不能发挥其作用，必须在社会或者经济群体中才能发挥出其价值，因此资产必须与其他要素相结合；（2）资产的价值并不固定，根据其所使用方式可以实现不同形态的资产价值；（3）资产因为能够保值并且增值而具有稀缺性，而通过对资产的管理与运用可以使得其发挥最大效用。综上所述，资产是一种具有经济收益或者服务特性的资源，可以使用货币来计量，可以以服务形态或者利润形态为资产所有者带来一定的收益。

（二）高校资产概念

为使高校能够正常开展其教学科研等活动可以使用货币计量的一系列资源称为高校资产。高校资产有来自国家无偿提供的，这部分资产的产权在事实上和法律上都属于国有，还有来自高校事业收入形成的，为高校所有，因高校（公办高校）本身属于国有性质而自然也属于国有。还有一些高校资产来源非政府部门，例如社会团体或者个人对高校的捐赠，同时学校也可以通过一些经济市场的盈利活动获得资产，而这部分资产在法律方面被认定产权属于国家资产。高校在为了确保健康稳定发展，在教学或者科研活动中会使用到这些资产，使其发挥自身价值，提升学校综合水平和竞争力。

目前，我国高校资产大部分都来源于国家政府无偿提供，这部分高校资产属于国有资产，由于国家是为了让高校完成既定的教学与科研任务而将资产无偿提供给高校，因此这部分资产的性质为非经营性，也就意味着这些资产为非经营性资产。但是，随着社会主义市场经济的发展与教育进一步改革，非经营性资产在一定情况下可以转化为经营性资产。目前，我国大部分高校都是经营性资产与非经营性资产并存，这种状态的形成主要是因为高校在完成政府要求的教学与科研既定任务之后，参与一系列的市场经济活动，以实现对高校各类资产的充分利用，从而实现最大经济效益，为高校的发展创建更加优越的条件。

高校资产因为是经营性资产与非经营性资产的结合体，因此高校资产除了资产各类特点以外，还因为种类的特殊性而具有以下特征：（1）高校资产具有多样性，高校资产存在独特的品牌效应；（2）高校资产由于大部分来源于国家无偿提供，没有参与到市场活动中，因此资产的有效利用度不高，管理体系也不够健全；（3）高校在社会活动中不同程度地会参与到市场经济下的企业经营活动，这意味着高校资产在经营性资产与非经营性资产之间相互转化。

二　高校资产分类与性质

高校的各种资产按会计和统计方法往往都会折合成货币并统一记录，为了方便管理与统计，通常会将高校资产进行分类整理。高校资产分类有多种标准，例如，根据不同资产所具有不同程度的流动性，可以分为流动资产、固定资产以及对外投资资产；根据资产的不同存在形式，可以分为无形资产与有形资产；资产还可以根据增值性质不同以及每种资产的经济性质而被分为经营性资产与非经营性资产。本书重点分别介绍非经营性资产和经营性资产。

（一）非经营性资产概念与性质

一般情况下，高校非经营资产都被称为国有资产，或者行政事业的国有资产，这也就意味着高校非经营资产的价值通过为学校的正常教学任务与科研任务提供资金与物质服务而实现的，高校非经营资产并不直接参与到校办企业的生产经营活动中，由此说明高校非经营资产并不能增值。显而易见，高校非经营性资产中的有形资产包括高校所占用土地、学生住宿宿舍、教学楼、运动场地及运动器械、图书馆以及馆内书籍与资料、教学与科研活动所使用到的各类设备机器等；非经营性资产中的无形资产则包含学校声誉和知识产权等。

非经营性资产为学校科研与教学活动提供服务保障，而学校需要对非经营性资产的安全和完整负责，合理、高效地管理非经营性资产，使其能够提供更加优质的服务以及最大限度地为学校任务发挥作用，促进高校能够迅速良好地完成既定的教学与科研目标，促进高校长远稳定发展。高校非经营性资产直接来源于高校的非生产经营活动，是为了保证学校已有目标的顺利完成而为全校师生所提供服务，不能直接参与企业经营活动，也不能增值，但是，非经营性资产与经营性资产之间的界限并非不可逾越，在一定情况下由于高校自身为了既定任务或者学校自身发展需要，只要符合国家相关法律法规的规定，非经营性资产与经营性资产可以相互转化。

（二）经营性资产概念与性质

高校经营性资产可以直接参与市场经济活动，通过各类活动，不仅能够实现高校经营性资产的自身价值，还能够为学校实现资产增值创造更多的利益，为学校发展提供资金与物质支持。因此，经营性资产在高校管理运作中的地位越来越重要，经营性资产管理已经成为高校工作考核的一项重点。

具体来说，高校完成既定的教学与科研目标的同时，其余不影响正常活动的资产，根据国家相关法律法规与规章制度以出租或者出借等方式直接参与到市场经济中，从事生产经营活动，并借此实现收益的资产称为经营性资产。高校经营性资产，根据性质不同分为固定资产和流动资产，也可分为有形资产与无形资产。高校经营性资产包括高校住宿酒店、对外营业的学术交流中心、自办驾校、印务公司、自主独立经营的后勤集团，以及为了促进学校科技成果转化而创办的资产经营公司（包括资产经营公司绝对控股、相对控股、参股的企业）。本书的研究对象主要是资产经营公司以及旗下控股或参股企业。

高校经营性资产与非经营性资产完全相反，只有在市场经济中从事相关生产经营活动，才能实现其价值，并且也只有在这些经济活动中才能完成这些经营性资产的形态改变，因此，高校经营性资产必须投入到市场经济相关生产经营活动中才能为高校创造更多收益，体现出其价值。

表 2 - 1　　　　　　　　　　　　　高校资产分类

资产分类		内容
经营性资产	投资型	酒店、花店、饭店、便利店等
	服务型	银行、邮局、各类服务公司
	技术合作型	各类与外界企业合作项目
	培训与教育	讲座、技能培训
非经营性资产	建筑资产	教学楼、图书馆、宿舍、运动场等
	教学科研仪器	实验设备与教学设备
	服务性资产	食堂、洗衣房、开水房等
	人力资产	师生资源、校友资源
	其他	学校名誉、地位等

第三节　高校资产管理基础理论

在高校资产经营管理中，无论对资产的经营管理，还是资产经营公司的运营，都因为高校资产的特殊性而存在各种问题，如资产所有者与经营者之间各类利益冲突与矛盾，要想解决这些问题，就需要了解这些问题产生的根源以及解决问题所依据的理论基础，因此有必要介绍与高校资产管理相关的部分理论。本书主要介绍产权理论、公司治理理论、委托—代理理论、公共产品理论和绩效管理理论等。

一　产权理论

研究高校资产经营管理问题应该从产权问题入手，普通情况下高校的资产流失现象主要由产权不清晰所致，体现在将与产权相关的所有权、使用权以及支配权等混淆在一起。随着社会主义市场经济不断发展，高校参与经济市场的各项活动也逐渐频繁，在社会经济的一系列生产经营活动中，高校资产的流失与转移状况也越来越突出。因此，高校的各类资产产权明确与归属管理均应加强，现有资产价值应该重新进行估值，确保现有资产价值的真实与可靠，资产经营公司需要认真履行职责，重视高校管理资产的运作投资配置等问题，确保高校资产的保值与增值。

（一）关于产权

《新帕尔格雷夫经济学大辞典》对产权的定义是：产权是一种通过社会强制而实现的对某种经济物品的多种用途进行选择的权利。属于个人的产权即为私有产权，它可以转让以换取对其他物品同样的权利。① 在新帕尔格雷夫经济学中，产权被认定为是权利并且是一组权利，而产权的有效性在于这种权利强制实行的可能性，以及为了施行该权利而应该付出的代价。产权的强制性来自政府部门的执法能力，社会规范以及道德水平。哈罗德·德姆塞茨（Harold Demsetz）在《关于产权理论》中对于产权的定义则是从产权的功能方向出发："在鲁宾逊的世界里，产权是不起作用的。产权是一种社会工具，其重要性就在于它们能帮助一个人形成他与其他人进行交易时的合理预期"，"产权包括一个人或其他人受益或受损的权利"，"产权的一个主要功能就是为实现外部效应的更大程度的'内部化'提供行动的动力"。② 可以看出，德姆塞茨在文中将外部效应与产权结合在一起，资源稀缺性使市场中对于资源的使用权有了一定的竞争性，而这种资源使用的竞争性则是外部效应发生的根本来源。在德姆塞茨的理论中，产权是一种可以将外部效应转化到内部的社会性的工具，而在这种转化条件下资源调解更加合理以致达到最优配置。但是，德姆塞茨同时也提到产权的定义并不是一成不变的，它可能是不断变化的，由于科技发展、制度改变以及社会进步等原因，人们对于收益成本产生新的期望因此而做出调整时就会产生相应新的产权。另外，科斯指出传统的产权定义教条错误后，认为在经济市场中权利的界定与安排至关重要，因此从权利的

① 伊特韦尔等：《新帕尔格雷夫经济学大辞典》，中译本，经济科学出版社1987年版，第1101页。

② 德姆塞茨：《关于产权的理论》，载《财产权利和制度变迁》，上海三联书店1991年版。

行使层面对产权进行定义。科斯指出："人们通常认为，商人得到和利用的是实物（一亩土地或一吨化肥），而不是行使一定行为的权力。但这是一个错误的概念。我们会说某人拥有土地，但土地所有者实际上拥有的是实施一定行为的权力。当产权发生分解后，每一种权利只能在规定的范围内行使，超出这个范围就要受到其他权利的约束和限制，或者对其他权利造成损害。"① 由此可见，科斯的定义中产权并不是像传统定义中是关于人与物之间的关系，而是人与人之间的关系。科斯理论中认定，在现在经济市场中，即使是完全竞争市场产权也只有在界定十分明确的情况下才能够有用武之地，在界定明确的基础下，市场中交易活动的各方可以通过相互作用达到市场交易费用最低这一情形。阿尔钦（A. A. Alchian）认为，产权是选择某种经济商品以使用的权利，而这种权利是社会强制实施的。换句话说，产权是在资源稀缺的环境下一种资源的使用权利。② 弗鲁博滕和佩乔维奇（E. G. Furubotn and S. Pejovich）对产权的描述性定义是："产权不是物与人之间的关系，而是指由于物的存在和使用而引起的人们之间一些被认可的行为关系产权分配格局，具体规定人们那些与物相关的行为规范，每个人在与他人的相互交往中都必须遵守这些规定，或者必须承担不遵守这些规定的成本。这些在社会中盛行的产权制度便可以被描述为界定每个人在稀缺资源方面地位的一组经济和社会关系。"③ 思拉恩·埃格特森（Thrainn Eggertsson）认为，产权是个体能够使用某一资源的权利，通常存在三种不同类型的产权：第一是使用一项资产的权利——使用者权利，即规定某个人对资产的潜在使用是合法的，包括改变甚至或销毁这份资产的权利；第二是从资产中获取收入以及与其他人订立契约的权利；第三是永久转让有关资产所有权的权利，即让渡

① 科斯：《企业、市场与法律》，盛洪等译，上海三联书店1990年版，第123页。
② Alchian, Armen A., Some Economics of Property Rights, II Politico, Vol. 30（4），1965，p. 816.
③ 弗鲁博滕、佩乔维奇：《产权与经济理论：近期文献的一个综述》，载《财产权利和制度变迁》，上海三联书店1991年版。

或出卖一种资产。①

根据前文所述，产权不仅是使用某资产的权利，更是不让他人使用这项资产的权利，使用这项资产的权利中包括向外界出租出售该资产权利，因此产权是一系列权利组成的，产权不仅表现在固定资产等有形资产，也可以表现在各类无形资产中，例如知识产权等。

目前，国内外学者所公认的产权理论产生于100多年前，马克思是第一位提出产权理论的社会科学家。道格拉斯·诺斯（Douglass North）曾经说过，马克思的产权理论是这一领域最为有力的论述之一。②马克思的产权理论对于现在的产权理论发展有着深远影响，无论是在产权的性质还是权利等方面。马克思最早发现产权是在生产关系的法律中，通过在法律层面的生产关系了解到产权这一事务。马克思认为经济关系中的意志关系是由法权关系所体现的，任何具有法权关系的形式例如合约或者契约，都反映了经济关系中的意志关系，而这些法权关系则在各类市场中极为常见，例如商品市场或者劳动力市场，但是这种意志关系与法权关系又是由其自身的经济关系所决定的。马克思认为，所有制先于所有权的存在而存在，只要有生产活动，就必须有某种所有制形式；所有权是特定历史阶段的产物，只是在私有制产生和保护所有制的法律出现以后，才出现所有权；所有制是所有权的经济基础，所有权是所有制的法律形态引用。③与此同时，马克思将哲学与产权论结合在一起，使用历史唯物主义观点研究与产权相关财产方面问题，追溯产权与财产起源。通过这些研究，马克思认为产权是不断变化的，这一点与德姆塞茨的观点有异曲同工之妙，产权受到不同时代的生产力、文化水平、经济市场发展状况这些历史因素的影响，产权并不是一成

① 思拉恩·埃格特森：《新制度经济学》，吴经邦等译，商务印书馆1996年版，第35—36页。
② 董君：《马克思产权理论的国内研究综述——兼与现代西方产权理论的比较》，《内蒙古财经学院学报》2010年第3期。
③ 《马克思恩格斯全集》第2卷，人民出版社1972年版，第142页。

不变的，因为历史是在不断前进着的①，在经济市场不断发展完善过程中，产权关系与制度也不断被更新。马克思同样将产权定义为一组权利的组合，再一次证明产权并不是一种单一的权利。马克思认为产权是所有权、占有权、使用权、支配权、经营权、索取权、继承权这些众多的不可侵犯的权利的结合体。这些权利通常是可以相互独立的，通常提到所有权并不指所有的这些权利，但是这些权利在某些情况下是完全统一的，另外这些权利通常都全部属于财产的所有者。

国内也有大量学者对产权理论进行研究。柯武刚与史漫飞（2000）对产权的定义是：对资产的使用及配置权利，"我们可以将产权定义为个人和组织的一组受保护的权利，它们使所有者能通过收购、使用、抵押和转让资产的方式持有或处置某些资产，并占有在这些资产的运用中所产生的效益，当然也包括负收益——亏损。因此，产权决定着财产运用上的责任和受益"。② 当然，"绝不能将产权混同于拥有的物品。一项产权允许所有者享有财富的获益，也向所有者强加了一笔由所有权决定的成本。因此，产权并非物质对象，而是一些在社会中受到广泛尊重的权利和义务"。③ 吴宣恭（2000）认为，"产权就是人们围绕一定财产发生和形成的责、权、利关系，没有财产就无所谓产权，这是产权与其他权利如选举权、政治民主权、人权和生存权等不相同的地方。"④ 吴宣恭还认为，产权就是一种财产权利，产权是产生于财产的权利关系，人类是产权的主体，财产是产权的客体，与其他学者持相同意见，也将产权分为所有权、占有权、支配权和使用权这四个基本内容，这四个内容分别体现财产所有者对于财产所承担的四种基本责任，这些基本责任衍生出人与人之间的利益关系。魏杰（2000）认为，"所谓产权，就是对财产的权利，亦即对财产的广义的所有权，包括狭义的所有

---

① 《马克思恩格斯全集》第 2 卷，人民出版社 1972 年版，第 142 页。
② 柯武刚、史漫飞：《制度经济学》，商务印书馆 2000 年版，第 212 页。
③ 同上书，第 212 页。
④ 吴宣恭：《产权理论比较》，经济科学出版社 2000 年版，第 134—138 页。

权（归属权）、占有权、支配权和使用权这样一组权利束。显而易见，产权不是一个静态的概念，而是一个动态的概念，其含义随着经济的发展，特别是随着经济组织形式和经济运行机制的变迁而发展和变化。"[①]

根据以上所述，可以看出，国内外学者对于产权这一定义并没有一个统一的定论，但是基本上可以归类为三种定义：第一，产权是一种以财产为基础的权利，具有排他性，产权反映是人与物之间的关系，这是财产所有者与财产之间的权利约束关系，笼统地分为所有权、占有权、使用权以及处置权四大类，这种关系受到法律保护，因此也是一种法权关系；第二，产权虽然直接表现为人与物之间的关系，但是产权也代表了财产所有者与财产之间的经济关系，因此不仅是法权关系，同时也是经济关系，正如前文所提到的法权关系是一种经济关系中的意志表现，由此说来，产权具有双重性，即表面的人物之间关系，更深层次的人与人之间经济关系；第三，产权定义并不是固定的而是一个动态概念，社会各种因素不断变化，影响着产权不断变化发展。

综合以上所有定义，产权是对某一资产根据法律法规的要求，在一定状况下加以利用或者处置，从而收获一定利益的权利，是由人与物之间的关系引发的深层次人与人之间的关系。产权具有以下特点：（1）产权的本质是一种经济关系，表面上变现为人与物之间的隶属关系，其实是更深层次的人与人之间的关系；（2）产权最基本的性质是排他性，意味着同一个资产同一属性的权利不可能被分享，产权的这种排他性是由法律承认并提供保护，产权是一种法权关系；（3）资源的稀缺性是产权产生的根本源头，资源的稀缺性以及使用资源的竞争性与人类对资源需要的无限性，形成不可避免的矛盾，当资源的稀缺性不复存在、资源无限供给的情况下，产权就毫无意义，也毫无用处；（4）产权是对资产的各种权利之组合，并不是某一种单一的权利，这些权利在不同的状况下可以相互独立，

---

① 魏杰：《关注国企改革》，《安徽经济报》2000 年 6 月 14 日第 2 版。

也可以相互统一，甚至可以相互转化；（5）财产所有者行使产权中的一系列权利有一定的限制条件，必须要在每一种权利相应的法律法规或者社会规则下才能行使；（6）产权是一个动态概念，社会发展、科技进步和经济市场的发展与完善都会使产权概念发生变化。

（二）产权功能

产权在市场经济中有着重要作用，主要有：

1. 产权关系能够明确清晰地界定资产的隶属问题

产权关系的明晰化使得资产主体得以人格化，进一步清理资产经营管理中各种不利干扰因素，为资产所有人提供权利，同时有助于减少高校资产流失。

2. 产权对于从事资产经营管理主体有一定激励作用

前文所述，产权是一种人与物质之间的关系，同时具有排他性，这种特性使得权利与义务相呼应，产权的明晰化使得资产收益权得以确定，对于资产经营管理主体是一种有效的动力因素，使得其可以从长期考虑资产经营问题减小资产损失，增大收益。

3. 产权并不只是单层的权利，也是一种责任

责权相结合对于资产的经营主体可以有约束作用，这是一种资产经营主体出于自身盈利需求的约束。另外，产权对于资产的所有权有明确规定，这对资产经营主体有明确的界限规定与行为规范约束。

4. 产权有利于优化资源配置，提高资源使用效率

产权因为具有可转让特点，使得资源在市场间的流动成为可能，市场经济中的主体可以自由选择更适合自身发展的资源。另外，产权中的一系列权利由于相互可独立，不同的主体可以挑选适合的权利，加大资源利用，通过合理分配资源提高整个社会的资源使用效率。

（三）产权构成

产权结构是一个复杂的体系，包含产权主体结构、产权内部结构以及各个结构之间关系。产权根据规模可以分为微观结构与宏观结构，也可以根据状态分为动态结构与静态结构。

产权的宏观结构，是指在整个社会所有产权主体的分布。而产权的微观结构则正好相反，是指微观主体的产权分布。产权的静态结构则是指某一个确定的时间点或者某一段指定时间内产权的结构；产权的动态结构，是指在各种社会影响因素不断变化的情况下，一种产权结构向另一种产权结构转变的过程。[①] 对于产权的分析应当将各个产权的状态结合起来，动静结合有利于研究产权的内部变动，宏观与微观的结合则有助于整个产权结构的研究。如前文所述，我国高校的经营性资产与非经营性资产并存，形成了资产产权多元化格局。[②]

二　公司治理理论

在从事生产经营活动中，高校资产经营公司经常会在公司治理方面由于管理缺陷或者制度不完善，使得高校资产使用不合理甚至流失的状况，因此全面了解公司治理理论对于高校资产经营管理十分重要。

（一）公司治理定义

公司治理概念目前没有统一定论，尽管不同的学者对于公司治理这一定义有不同的看法，但基本对"公司治理结构是公司的一套完整的制度"这一观点达成共识。奥利弗·哈特在《公司治理理论与启示》文章中提出了公司治理理论分析框架，提出两个重要条件，而这两个条件是公司治理问题产生的前提：首先是代理问题，也就是公司各个成员之间所存在的利益矛盾；其次是交易费用使得不能通过合约这一方式解决代理问题。[③] 哈特在文中指出，如果公司中没有代理问题，公司每个成员都可以被要求去追求利润最大化这个最终目标，通常情况下，个人对于公司的经营活动结果并不关心，而将重点放在如何执行自己所收到的命令，这种情况下额外的

---

① 马中、蓝虹：《约束条件、产权结构与环境资源优化配置》，《浙江大学学报》（人文社会科学版）2004年第6期。

② 桂裕清：《高校国有资产产权管理若干问题探析》，《武汉大学学报》（社会科学版）2001年第4期。

③ 奥利弗·哈特：《公司治理：理论与启示》，《经济学动态》1996年第6期。

激励机制毫无用武之地，因为个人努力都已经得到了补偿，因此也并不需要公司治理结构解决并不存在的公司内部争端。[①] 但是，在现实中，代理问题普遍存在，这样就意味着公司的治理结构对于整个公司的运行至关重要。根据上述分析，奥利弗·哈特将公司治理结构定义为，治理结构分配公司非人力资本的剩余控制，即资产使用权如果没有在初始合约中详细设定，治理结构决定其将如何使用，也就是说，公司内的代理问题与合约问题的普遍存在是公司治理存在的基础条件。[②] 菲利普·L. 科克伦（Philip L. Cochran）、史蒂芬·L. 沃特克（Steven L. Wartick）对于公司治理有另外一种解释，他们在《公司治理——文献回顾》一文提到，公司治理问题是公司高级管理层、股东、董事会以及各方利益相关者在相互影响、相互作用中的具体问题，由两个核心内容构成：第一是收益人，即通过公司高层管理者的行为可以获得利益者；第二则是应该从公司高层管理者的行动中获利的是谁，如果第一点和第二点不一致而出现矛盾时，公司就会产生治理问题。[③] 他们将公司治理问题进一步解释，引用了巴克霍尔兹（Buckhoiz）的论述，将公司治理分为四个要素，当高级管理层和其他主要相关利益集团相互作用，在"是什么"和"应该是什么"之间产生不一致时，在每一个要素中就会产生问题。具体来讲，就是管理阶层有优先控制权，董事过分屈从于管理阶层，工人在企业管理上没有发言权，政府过于宽容。对于这些问题，可以采取的办法有加强股东参与、重构董事会、扩大工人民主和严格政府管理。牛津大学管理学院院长柯林·梅耶（Colin Mayer）的观点中则是将公司治理看作是一种制度安排，在《市场经济和过渡经济的企业治理机构》文章中指出公司治理是一种组织安排，在这种安排下，公司得以代表和服务于它的投资者。[④] 随着

---

① 奥利弗·哈特：《公司治理：理论与启示》，《经济学动态》1996年第6期。

② 同上。

③ 科克伦、沃特克：《公司治理——文献回顾》，经济科学出版社1988年版。

④ 柯林·梅耶：《市场经济和过渡经济的企业治理机构》，中国经济出版社1997年版。

市场经济完善与发展，现代股份有限公司所有权和控制权相分离，产生了公司治理。在国内，吴敬琏（1994）认为，公司治理结构是指由所有者、董事会和高级执行人员（即高级经理）三者组成的一种组织结构。上述三者在这种结构中形成一定制衡关系。在这一结构中，公司董事会托管所有者的资产，是公司的决策机构，高级经理人员的聘用、奖惩和解雇都由公司董事会决定，高级经理人员受雇于董事会，在董事会领导下组成执行机构并在董事会授权范围内经营企业。[①]

综上所述，可以将公司治理归纳为是一种制度安排，在这种安排下公司内外部各种利益相关者的各类关系都系统地联系起来，为解决不同利益相关者的信息不对称、所担责任不平等以及合约不完全性等问题，公司治理可以使利益相关者在这些方面达到一定的平衡，使得公平统一。从狭义方面理解公司治理，就是公司的经营者与所有者往往不是同一人，公司治理可以使得这二者之间达到平衡，是一种所有者对于经营者的监督激励制度，保证经营者按照所有者的利益驱动，实现股东利益最大化这一最终目标。一般来说，狭义的公司治理包括董事会、股东、监事会、经理之间的相互作用制度。[②] 而广义的公司治理并不只是单纯的公司所有者与经营者之间的监督平衡关系，而是牵扯到更加广泛的利益相关者，在这种更大范围的情况下，公司治理需要调节公司所有利益相关者的权责关系，这就需要一套更加全面的内外兼顾同时包括正式与非正式两种情况下的制度安排，从而使得公司管理决策更加合理化，使得公司利润更大化。在广义的层面，公司不仅仅是所有者所拥有的，例如股东、董事等，也是一个利益共同体，因此公司治理就不能只局限于以治理结构为主的内部治理[③]，这就需要公司所有利益相关者从

① 吴敬琏：《现代公司与企业改革》，天津人民出版社 1994 年版。
② 朱骥、岳鹏飞：《高校资产经营公司存在问题与发展探析》，《技术与创新管理》2010 年第 5 期。
③ 张帷：《浅析公司治理结构中存在的问题及对策》，《现代经济信息》2009 年第 23 期。

内外部统一进行公司治理。

（二）公司治理内涵

1. 公司治理是合同关系

公司是由一组负责管理公司内部各种交易的合同组成，目的在于使得公司进行的各种交易成本最低。但是在市场经济中，人的行为并不是完全且自始至终保持理智，同时又普遍存在着机会主义，导致这一系列的合同并不能预期到所有可能发生的事件并根据这些具体情况做出明确的界定与约束，因此这一系列合同都是不完全合同。关系合同是不完全合同，是指合同各个参与成员对于目标、原则、突发事件的决策机制，但是并不对各方的具体行动做出规定，这样可以免去出现问题时不断谈判而增加的缔约成本。高校资产经营公司治理的安排是以《公司法》与公司章程为设立依据，本质讲也是一种关系合同，通过合同的方式约束公司内外各个利益相关者，规范他们的经营行为与交易，降低公司的交易成本。

2. 公司治理功能

突发事件或者争端出现时，明确界定有权做出决策的利益相关者是关系合同有效降低交易成本的关键之所在。剩余控制权就是对在法律与合同规定之外的资产就其使用方式做出决策的权利，通常情况下剩余控制权属于资产所有权的拥有者。[①] 剩余控制权的分配就是公司治理的第一功能。在不同的所有权条件下，公司的治理形式也完全不同；在债券与股权条件下，公司的治理结构不同，即使在股权基础下股权的分散与集中也会形成不同的公司治理结构，因此，公司治理是在一定的资产所有权条件下起作用。资产所有权带来的是各种不同分项权力，这些权力都需要由公司治理进行合理分配处置，公司治理体现了控制权。在高校资产经营公司中，资产所有权仍然属于高校，而资产经营公司则是由学校控股的有限责任公司，公司治理负责在高校资产经营公司中分配处置各项权利。

公司治理的另外一个功能，是可以使公司各方的利益相关者在

---

① 肖舟：《论我国公司治理结构的完善》，《学术论坛》2006年第9期，第105页。

权、责、利三个方面达到平衡。公司中公司所有者与经营者之间的不统一以及信息不对称、合约不完全、责任不对等等一系列问题都会产生代理问题进而产生公司治理。公司的所有者与经营者是一种委托—代理关系，在这种委托—代理关系中，二者的目标并不是完全统一，这种目标的不统一就极可能导致代理人为了自身的利益而不顾公司所有者的利益采取行动。在高校资产经营公司中，高校是公司的所有者也就是委托人，公司经营者则是代理人，通过一系列制度安排与资源分配处置，就可以使得公司经营者也就是代理人在追求自身利益的同时可以为委托方维护利益达成公司利润最大化的目标。

3. 公司治理是一种经济关系

在公司治理结构中，资产所有者、经营者、管理者以及监督人员之间相互都存在复杂的关系，一般情况下表现为经济关系，公司治理中这些繁杂的经济关系需要界定与规范。高校资产经营公司的核心是资产的剩余控制权与索取权，高校资产经营公司治理也是围绕这一个核心而形成的一系列制度。高校资产经营公司内部的各方利益相关者之间的利益平衡等经济关系都由公司治理配置决定，在这个公司中高校作为资产所有者与董事会之间是资产信任托管的合约经济关系，资产所有者授权公司经营者可以经营公司，而董事会通过合约聘请经理层，并且同样通过合约界定规范经理层的权利与责任，监事会则对董事会与经理层负有监督其职责行使的责任。

4. 公司治理是一种权力制衡机制

在任何一个公司，各方利益相关者，例如股东会、董事会、经理层、监事会都是相互独立同时相互制约的，各个利益相关者都必须在合约规定的范围内行使自己权利的同时要担负相应的责任，而公司治理明确规定了他们之间的相互影响、相互监督和相互制约。

三 委托—代理理论

在高校资产经营公司中，资产所有者与公司经营者之间的关系通常是委托—代理关系，这是一种合约关系，全面了解委托—代理理论可以有效地解决资产所有者与经营者之间的利益冲突，使两者最终目标一致，更加高效地使用高校资源。

（一）委托—代理理论定义

委托—代理关系是一种合约关系，在这种合约关系下，代理人被委托人授权从而获得从事某些活动权力，而代理人同时也会获得一定自主决策权，而这个过程需要支付一定的代理费用作为代价。而代理费用是指在制定、管理、实施委托—代理合约关系中的全部费用。詹森和麦克林在文章中将这笔费用分为三部分：一是资产所有者也就是委托人的监管费用；二是被委托人也就是代理人的担保费用，这笔担保费用是为了确保代理人不会因为追求自身利益而损害委托人的利益，而一旦出现这种状况代理人需要对委托人进行赔偿的费用；三是由代理人造成的剩余损失，当代理人决策出现问题而造成资产出现损失的状况，并造成损失的决策是应该在委托人拥有与代理人相同的信息和管理能力条件下由委托人自己做出的。

委托—代理关系中有很多重要因素，其中建立健全科学合理的委托人与代理人之间的激励约束机制是核心问题。这个激励约束机制中，由委托方向特定的代理人发出激励约束的规定，并且也只能是由委托方向代理人所发出，方向与目标越清晰明确，这个信号传递所要经历的环节越少，速度越快，这样会提升激励约束信号传递效率。并且因为效率的提升，这个机制对于代理人的约束作用也更加明显；反之，则会造成激励约束机制对代理人作用效果很差，甚至无效。由此可见，在基本条件相同的情况下，越直接的委托—代理关系所经历的环节越少，层次也越少，其工作效率必定比多层次的委托—代理关系要高得多。约瑟夫·斯蒂格利茨（Joseph Eugene Stiglitz）对于现代公司所有者常用的激励机制进行的归纳总结，主要有以下几点：第一，公司的代理者，例如，公司高层管理者有机会得到一部分公司股权；第二，将代理者的薪水报酬与其自身表现相结合；第三，加强对于代理者的监督；第四，建立长期的委托—

代理关系，使得代理人能够产生归属感。①

（二）委托—代理关系内涵

过去 20 年中，委托—代理理论逐渐由描述委托—代理关系中两个对立角色，发展到描述在市场经济的生产经营活动中各个利益相关者之间的关系，这一变化是有关合约理论研究中最为重要的发展。埃尔文·罗思（Alvin E. Roth）在研究中对于委托—代理的内涵有如下的解释：在当事双方中，如果作为代理人的一方代表委托人的一方从事一些决策活动，而这个决策是为了追求委托一方的利益，这就意味着代理关系建立。② 詹森（Michael Jensen）和梅克林（William Meckling）写道：当代理人受到委托方委托，而代其从事某些经济活动，这些活动是从委托方的利益角度出发的，并且委托方授予代理方一定的自主决策权力，这是在经济学层面的委托—代理关系内涵。③ 委托人如何制定一个科学合理能够兼顾各方利益追求的合约使得代理方能够为自己高校服务，是整个委托—代理关系中关键所在。

首先，委托—代理关系是一种经济关系，无论是委托方还是代理方，都是为了追求个体的利益才存在于这一关系中，被这种合约所规范。其次，由于在委托—代理关系中具体的状况与信息都不能确定，突发事件随时有可能发生，因此这并不是一种完全的合约关系，只能作为一种不完全合约关系。最后，委托—代理关系中代理人为了按照合约依据委托人的要求所行动，就要求委托—代理关系具备一定的可操作性，否则，代理人很可能会无法进行活动或者以不可操作性为借口追求自身利益而损害委托方的利益。

只有在代理方完全不考虑自身利益而全心为委托方利益进行活动时，才有可能不耗费额外成本并且因此不存在代理问题，否则代

---

① 阿诺德·赫特杰主编，［美］约瑟夫·E. 斯蒂格利茨等：《政府为什么干预经济》，中国物资出版社 1998 年版。

② Ross, S. A., The Economic Theory of Agency: The Principle's Problem, *American Economic Review*, 1973, 63 (2), pp. 134 – 139.

③ 詹森、梅克林：《企业理论：经理行为、代理成本和所有权结构》，1976 年版。

理问题就一定存在。但是，在现实中，代理方与委托方只要不是同一体，就一定会产生利益不对称与信息不对称，有时候也会产生权责不对称。委托方与代理方由于处于不同阶层，因此会产生不同的利益追求，公司所有者例如董事会或者股东会的利益追求，是公司利益最大化、公司价值最大化，而作为代理方的管理层的个人利益追求则是自身收入最大化，以及社会地位的进步或者对于权利的追求等，这种不同的利益追求导致利益不对称。而信息不对称，则是由于委托方并不能全部了解代理方的相关信息，例如代理方的工作能力是否努力；相反，代理方则对公司的信息可以了如指掌。由于这些不对称存在，委托人有必要采取措施防止代理人为了追求自身利益而损害委托方的利益，通常这种预防措施通过科学合理严谨的合约，通过合约关系，委托方可以监督代理方的一切经营管理活动。

在高校资产经营公司中，委托—代理关系是十分重要的，从这个角度入手分析高校资产经营公司中各个利益相关者之间的经济关系与合约关系，制定合理的合约与激励约束机制来规范代理方的经营活动，促使达成委托方的利益目标。

四　绩效管理理论

高校资产经营公司因高校介入而带有一定特殊性，但从本质上来讲，高校资产经营公司仍旧是以营利为目标的机构，因此绩效管理在公司经营中就显得十分必要，故需要了解绩效管理理论。

"绩效"这个词的含义极为广泛，通常意义上可以理解为执行、履行、表现、完成、成绩与成就等。绩效通常在营利性公司中使用，用来表示其整个公司管理活动的成果和成效。相比效率这个概念，绩效可以更加全面与直观地表现出公司的经营状况与成果。在政府管理部门中使用绩效这一概念，则是指政府管理部门在社会各个方面的管理成果效益。在绩效作用于非营利性组织之间时，它就是上述两点的结合体，同时也是非营利性组织的重要组成部分。我国公立高校不同于其他企业，最重要的特点是公益性，为社会提供的是准公共产品，另外，社会各界对高校有一定捐赠，政府对高校有一定的税收优惠，高校依靠这些来源得到自身资产，作为一个营利性组织，高校有责任对社会公众做出一定的公益性回馈，这是解除高校的受托责任所必需的，同时也是组织自律所要求的。因此，高校没有理由也没有权利像普通企业以商业秘密为由隐藏其内部的经营管理信息，高校必须向社会公开其内部的各项运营信息，例如财务、管理等方面的信息，并且对这些活动产生的成果做出解释。

由于组织目标通常都有多样性，从这个方面着手，绩效评价也十分重要。对于企业而言，盈利是财务的底线，而单凭账面上的盈亏指数并不能完整客观反映企业真实的绩效情况，而利润则被公认为一个科学合理并且能够客观反映企业绩效的衡量标准。就我国的高校来说，对于其存在价值的判断标准有很多种，单一判断标准并不全面，例如，高校最重要的存在价值就是培养人才，但是，应该培养什么样的人才或者有可能培养出什么样的人才，却不能具体评判。从教育角度来看，教育的目标包括但并不全是学习成绩、心理健康，有为社会做贡献的能力，有一定的道德水准、正确的社会价值观等，这些目标都不能通过单一的标准所评判，投入与产出比也是一个重要的考虑因素，因此，高校需要一个全面的绩效评价体系。

从防范风险层面看，绩效评价也十分重要，科学合理的绩效评价机制能够有效地防范与降低组织所面临的风险。对于我国的公立高校来说，只是设计一个单一的战略并没有什么实际作用，即便这个策略十分完美，只有能够将这个战略变成现实的施行能力才是关键所在，而这个关键的执行能力则是来自组织内部、组织内的资源分配处置，以及组织之间各部门的协调与合理的组织框架。因此为了加强这一执行能力，明确组织内部各个部门间自身目标，并确保这些目标是完全统一的。同时，规定这些部门或者单元间的行动规范，以此就有了绩效评价的两大因素，即目标与规范。由此可见，绩效评价体系有利于组织确认自身的目标与内部规范，预防风险的同时确保自身的稳定发展。

五 公共产品理论

高等教育由于其显著的外部性，使高校资源具有公共产品属性，因此被划分为准公共产品，因此在高校的资产经营管理中公共产品理论十分重要。

在公共产品理论中，社会所有产品都可以分为两大类，即公共产品与私人产品。保罗·萨缪尔森（Paul A. Samuelson）在1954年发表《公共支出的纯粹理论》提到公共产品并对此下了定义：每一个人对这种产品的消费，并不能减少他人也消费该产品。公共产品的两个特性是消费的非竞争性和非排他性。① 只有这两个特点同时存在于某一产品时，这个产品才能称为公共产品。而在现实市场中，这种完全的公共产品并不多见，因此完全具备非竞争性与非排他性产品称为纯公共产品，相应地，完全不具备这两个特性的则被称为纯私人产品。在这两个极端的产品之间，更多的是处于中间程度的非纯公共产品与非纯私人产品，即不完全具备这两特点，要么缺少非竞争性，要么不是完全的非排他性，这种状态下的产品被叫作准公共产品。

在公共产品理论中，公共产品的特性被重点研究，并由此衍生出了外部效应与市场失灵这两个问题，由此还能衍生出更多的其他问题。市场并不是总能达到帕累托最优状况，当市场经济中出现市场失灵这一现象时，就会导致帕累托最优状况的缺失，西方经济中多次提到这一情况，如果都由市场提供产品才会造成福利损失，"搭便车"的行为增多，在全社会范围下公众利益最大化的目标很难实现，但是如果转而由私人提供这些本该由市场提供的产品，私人生产力不足是最大问题，由此导致供应不足，这时就需要由政府出面弥补，这种情况被称为市场机制与政府共同管理机制。由此可见，从公共产品理论这一层面来看，政府工作重点应该是那些市场无法控制的方面比如公共产品，这也就意味着，政府的主要职责应

---

① 保罗·萨缪尔森：《公共支出的纯粹理论》，《经济学与统计学评论》1954年第1期。

该是为社会提供公共产品这一类具有显著外部性的产品。高等教育就是具有显著外部性的产品中的一个重要角色，被划分为准公共产品。

第四节　高校资产经营公司目标

高校进行资产经营管理任务是管理学校所有资产，包括学校所投资的股权以及学校的经营性资产，孵化科技企业以及创办具有高校特有的智力资源优势与文化资源优势的企业，对学校资源进行统一管理，优化配置合理分配资源，促进高校科研成果转化，以学校资源为平台，促使高校后勤社会化。同时，高校资产管理应该促进高校科研成果与产业之间的链接与转化，作为校办企业与学校科研成果之间的平台。具体来说，高校的资产经营管理应该有以下几点目标。

一　保证高校资产安全完整和保值增值

高校资产管理最初以及最重要目标就是保障高校各类资产的保值与增值，经营性资产是高校长远发展的资金与物质保障，而非经营性资产则是高校开展日常教学与科研活动的基础，这两点决定了高校资产对于高校的正常运作至关重要。基于此，实现高校资产保值以及不断增值是资产管理的重中之重。资产管理应该将重点放在建立高校资产与校办企业间的"防火墙"，加强对于资产管理监督机制，确保资产安全性。

高校作为高校资产的直接所有人，同时也作为国家的事业部门，很难直接管理高校内的众多校办企业，也没有办法合理有效地利用高校资产实现资产的增值保值，因此高校资产经营公司就显得十分必要。高校资产经营公司中有关高校资产的经营管理权与高校资产的所有权是相分离的，高校的主要任务在于维护高校日常的教学任务与科研任务，对于高校资产的经营管理并不直接参与，高校资产经营公司由高校授权直接负责高校资产的经营管理，对高校资产具有经营权，需要根据内部经济环境与外部经济环境各种因素的改变而制定相应的经营策略与发展战略，有效利用高校资源，对高校资产的资源配置与结构调整制订方案，提高高校资产的资源合理配置率。同时，需要根据高校的实际需求，例如教育与科研方面的资金需求，或者高校长远发展计划，适时制定发展战略，合理利用资本市场与金融市场理性投资，将高校资产收益率作为最终目标。高校资产经营公司在资产所有人也就是高校的委托下对高校资产进行经营管理，对于高校资产增值保值有着重要意义，因此资产经营公司必须充分发挥有利条件，追求资产所有者的权益最大化和资产收益率最大化。

二 优化高校资产资源配置

高校资产中包括无形资产，这些无形资产中又包括各种知识产权与大量的专利技术等。在资产管理过程中充分利用资产管理整体规划校内优势资产，孵化高科技含量企业，围绕高校核心资产建立高科技企业群。根据实际需要高校可以向企业派遣技术人员或者管理人员，加强高校人员在教学与科研以及企业之间的岗位流动，在必要时校办企业可从高校聘请专业的技术人员，无论是高校向企业派遣的技术人员，还是企业向高校聘请的人员，都应该建立在促使高校长远迅速发展与企业良好运营增加竞争力的基础上。合理配置使用高校资产，使高校内的各个部门或者学院内部的资源分配都物尽其用，避免重复购置设备，或者资源浪费的情形发生，同时需要合理安排高校内人才资源，因人制宜，保证高校资产中的人才资产被配置在最合适的岗位中，促进高校校办企业的核心竞争力与科研成果效率，从而保证高校在学术界与社会各界的口碑以利于高校的长远稳定发展。

三 加快高校科研成果转化

资产经营公司的管理除了促进资产的保值与增值，也是高校科研成果的重要阵地，在加快高校科技成果的转化与产业化方面有重要作用。资产经营公司应该将目标放在促进社会企业投资基金等民间资金支持与高校优势学科、含金量高的科研项目之间的合作关系上。在效率方面，资产经营公司可以促使高校科技企业高效利用各类资产在资本市场里实行股权经营，从而在利润和资产增长率方面都会有不俗表现，高科技企业可以分配得到一部分利润作为物质奖励，分发给技术人员以激励其研发动力，在高科技企业走上正轨之后高校还可以通过出售高科技企业等方式收回资本，可以继续用于研发新技术或者孵化新科技企业，以此形成高校内部的高科技企业发展良性循环。总之，高校资产经营公司的运作管理，一方面促进高校的资产合理化配置，保证资产的保值增值；另一方面有利于高校科研成果的转化，使学校内部更加具有积极性，从而保证高校的科研创新性以及在学术界的吸引力，在一定程度上也是为高校长远稳定发展提供一定基础。

四 提高高校综合管理能力与后勤服务水平

高校资产经营公司除了上述几点目标以外，还需要管理校产物业资源，充分整合开发校内后勤资源，高效地管理资产，吸收社会资本与政府或者银行资本，使得高校后勤社会化能够更好地为高校师生以及高校的长远发展服务。

五 推动高校人才培养、科学研究和社会服务融合发展

高校资产经营公司在某种意义上来说是一种中介，具体而言，是一个为高校各个学科与高校内的各类校办企业提供互动机会的中介。校办企业想要长远稳定的发展，就必须始终保持一定的核心竞争力，而校办企业的核心竞争来自高校的各项科研成果，尤其是创新性的科研成果。高校的科研创新需要从社会角度出发，满足为社会大众服务这一需求，同时高校科研需要一定的资金支持。科技成果的转化关键在于学科与实际的联系性，在高校科研成果被校办企业成功转化后，为了始终保持核心竞争力，科研成果与科技水平需要不断地更新，这仍然需要高校的科研作为支撑。作为高校科研成果转化关键的校办企业，高校作为资产所有人同时也是出资人，有责任监督促进学校科研机构与企业间的互动与沟通，从而促进两方的共同发展。高校资产经营公司首先可以站在高校企业的角度，从社会大众的需求方面着手，提出高校科研发展方向和建议。通过资

产经营公司的有效运营与管理，由校办企业向高校提供科研所需资金支持，这样，高校既有足够科研资金促进高校科研与教学发展，校办企业也可以省去自己从事科技研发所需的资金以及人力投资，大大节省企业生产经营中的成本。总之，高校资产经营公司这种中介桥梁作用极其重要。

第三章 高校资产经营管理现状与问题

第一节 高校资产经营管理现状

随着对高校资产经营的规范与管理，全国许多高校均开设了校办企业，近一半高校专门设立资产经营公司。为了分析校办企业的资产经营情况，根据教育部科技司发布的《全国普通高校校办产业统计分析报告》（以下分析数据均来自该报告，不再单独备注数据来源），以 2012 年的数据为例，以全国普通高校校办企业为样本，数量上从企业数量、资产总额、收入、利润等方面进行比较，质量上从盈利能力、偿债能力等角度进行比较，同时分别按专设资产经营公司的运作模式和未设资产公司的模式两个视角进行对比，以反映不同运作模式下高校资产经营的效果。

一 普通高校校办企业概况

统计 2012 年度高校校办企业数据时，有来自全国 29 个省、自治区、直辖市（新疆生产建设兵团、西藏自治区和宁夏回族自治区未报送数据）的 489 所普通高校参加校办产业统计工作，涉及企业共计 3478 个，其中，一级企业 1751 个，占 50.35%；二级企业 1727 个，占 49.65%。

（一）全国普通高校校办企业分类

1. 资产公司

参加统计的 489 所高校，有 222 所高校设立的资产公司，占参加统计工作高校总数 45.40%，如图 3 - 1 所示。

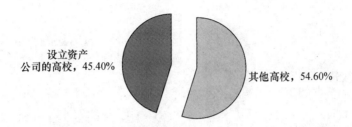

图 3 - 1 2012 年设立资产公司的高校占参加统计工作高校总数比例

2. 科技企业

科技企业共计 988 个，占全国高校上报企业总数的 28.41%，如图 3 - 2 所示。其中，一级企业 374 个；二级企业 614 个。

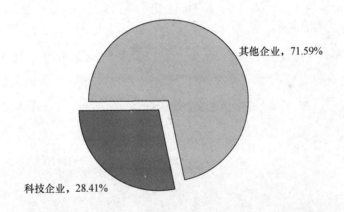

图 3 - 2 2012 年高校校办科技企业占全国高校上报企业总数比例

3. 按企业类型分类

按企业类型统计，3478 个企业中一级企业 1751 个，其中，上市公司 6 个，占一级企业的 0.34%；国有企业（全民所有制）866 个，占一级企业的 49.46%；公司制企业（内资有限责任公司）681 个，占一级企业的 38.89%；外商投资企业（包括港澳台资企业）11 个，占一级企业的 0.63%；其他类型企业 187 个，占一级企业的

10.68%。高校校办一级企业按企业类型分类比例如图3-3所示。

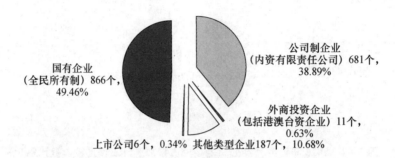

图3-3 2012年全国普通高校校办一级企业按企业类型分类比例

二级企业1727个。其中，上市公司24个，占二级企业的1.39%；国有企业（全民所有制）238个，占二级企业的13.78%；公司制企业（内资有限责任公司）1344个，占二级企业的77.82%；外商投资企业（包括港澳台资企业）27个，占二级企业的1.56%；其他类型企业94个，占二级企业的5.45%。高校校办二级企业按企业类型分类比例如图3-4所示。一、二级企业按工商注册类型分类情况如表3-1所示。

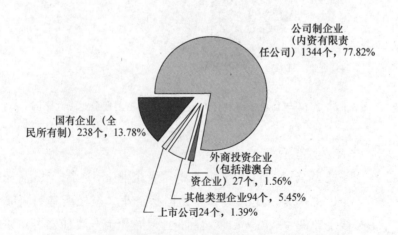

图3-4 2012年全国高校校办二级企业按企业类型分类比例

表 3 - 1　　　　全国高校校办企业按工商登记注册类型分类

2012 年 12 月 31 日

按工商登记 注册类型分类	一级企业 （家）	所占比例 （％）	二级企业 （家）	所占比例 （％）
上市公司	6	0.34	24	1.39
国有企业 （全民所有制）	866	49.46	238	13.78
公司制企业 （内资有限责任公司）	681	38.89	1344	77.82
外商投资企业（包括 港澳台资企业）	11	0.63	27	1.56
其他类型企业	187	10.68	94	5.45
合　计	1751	100	1727	100

4. 按学校方控制力分类

按学校方控制力统计，3478 个企业中一级企业 1751 个。控股企业（合并财务报表）1427 个，占一级企业的 81.50%；对其有重要影响力的企业（权益法核算）119 个，占一级企业的 6.80%；参股企业（成本法核算）205 个，占一级企业的 11.70%。高校校办一级企业按学校方控制力分类比例，如图 3 - 5 所示。

二级企业 1727 个。其中，控股企业（合并财务报表）1043 个，占二级企业的 60.39%；对其有重要影响力的企业（权益法核算）216 个，占二级企业的 12.51%；参股企业（成本法核算）468 个，占二级企业的 27.10%。高校校办二级企业按学校方控制力分类比例如图 3 - 6 所示。一、二级企业按学校方控制力类型分类情况如表 3 - 2 所示。

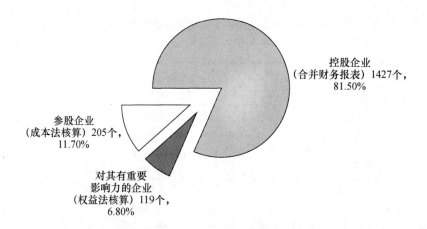

图 3 - 5　2012 年全国高校校办一级企业按学校方控制力分类比例

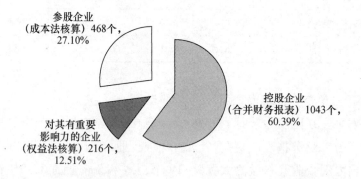

图 3 - 6　2012 年全国高校校办二级企业按学校方控制力分类比例

表 3 - 2　　　全国高校校办企业按学校方控制力类型分类

2012 年 12 月 31 日

按学校方控制力 类型分类	一级企业 （家）	所占比例 （％）	二级企业 （家）	所占比例 （％）
控股企业 （合并财务报表）	1427	81.50	1043	60.39
对其有重要影响力的 企业（权益法核算）	119	6.80	216	12.51
参股企业（成本法核算）	205	11.70	468	27.10
合　计	1751	100	1727	100

5. 按经营活动类型分类

按经营活动类型统计，3478 个企业中一级企业 1751 个，其中科技开发企业 344 个，占一级企业的 19.65%；文化智力企业 113 个，占一级企业的 6.45%；校办工厂（农场）企业 219 个，占一级企业的 12.51%；投资管理企业 210 个，占一级企业的 11.99%；后勤服务企业 197 个，占一级企业的 11.25%；其他类型企业 668 个，占一级企业的 38.15%。高校校办一级企业按经营活动类型分类比例，如图 3 - 7 所示。

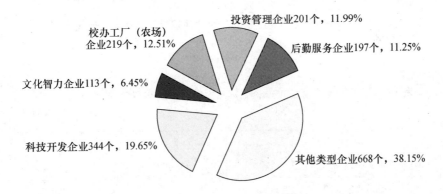

图 3 - 7　2012 年全国高校校办一级企业按经营活动类型分类比例

二级企业 1727 个中，科技开发企业 675 个，占二级企业的 39.09%；文化智力企业 161 个，占二级企业的 9.32%；校办工厂（农场）企业 38 个，占二级企业的 2.20%；投资管理企业 63 个，占二级企业的 3.65%；后勤服务企业 102 个，占二级企业的 5.91%；其他类型企业 688 个，占二级企业的 39.83%。高校校办二级企业按经营活动类型分类比例如图 3 - 8 所示。一、二级企业按企业经营活动类型分类如表 3 - 3 所示。

（二）资产状况

2012 年年末，全国高校校办产业资产总额 3190.26 亿元，负债为 1902.73 亿元，所有者权益为 1287.53 亿元，归属学校方股东的所有者权益为 633.92 亿元。全国高校校办产业的资产负债率为 59.64%。

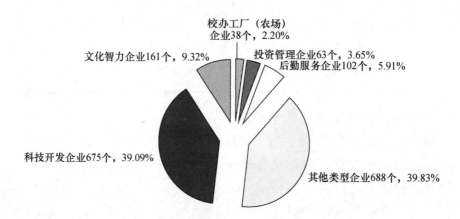

图 3 - 8   2012 年全国高校校办二级企业按经营活动类型分类比例

表 3 - 3   全国高校校办企业按企业经营活动类型分类

2012 年 12 月 31 日

按企业经营 活动类型分类	一级企业 （家）	所占比例 （%）	二级企业 （家）	所占比例 （%）
科技开发	344	19.65	675	39.09
文化智力	113	6.45	161	9.32
校办工厂（农场）	219	12.51	38	2.20
投资管理	210	11.99	63	3.65
后勤服务	197	11.25	102	5.91
其他类型	668	38.15	688	39.83
合 计	1751	100	1727	100

2012 年年末，全国高校校办产业资产状况如图 3 - 9 所示。

（三）经营状况

1. 收入总额

2012 年全国高校校办产业收入总额为 2086.07 亿元，比 2011 年

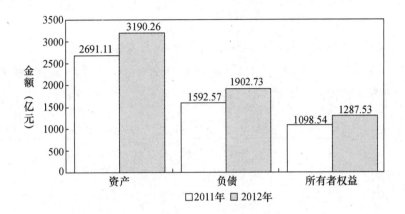

图 3 - 9　2012 年年末全国高校校办产业资产状况（与 2011 年年末对比）

的收入总额（1868.73 亿元）增加 217.34 亿元，增长率为 11.63%，如图 3 - 10 所示。

图 3 - 10　2012 年全国高校校办产业收入总额（与 2011 年对比）

2012 年全国高校校办产业收入总额排在前五位的省市分别是：北京市 1217.93 亿元；山东省 163.96 亿元；辽宁省 112.56 亿元；上海市 112.41 亿元；浙江省 82.28 亿元。2012 年全国高校校办产业收入总额排在前五位的高校分别是：北京大学 700.48 亿元；清华大学 436.94 亿元；中国石油大学（华东）137.39 亿元；东北大学 93.03 亿元；同济大学 54.33 亿元。

2. 利润总额情况

2012 年全国高校校办产业实现利润总额为 108.44 亿元，比 2011 年的利润总额（99.82 亿元）增加 8.62 亿元，增长率为 8.64%，如图 3 – 11 所示。

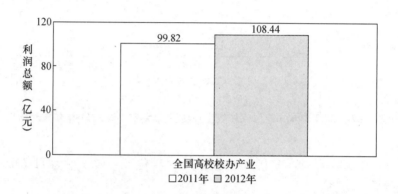

图 3 – 11　2012 年全国高校校办产业实现利润总额（与 2011 年对比）

2012 年全国高校校办产业利润总额排在前五位的省市分别是：北京市 45.45 亿元；浙江省 9.27 亿元；辽宁省 9.21 亿元；上海市 9.02 亿元；山东省 6.74 亿元。2012 年全国高校校办产业利润总额排在五位的高校分别是：北京大学 19.88 亿元；清华大学 18.46 亿元；东北大学 7.10 亿元；中南大学 5.09 亿元；同济大学 4.56 亿元。

3. 净利润情况

2012 年全国高校校办产业共实现净利润 87.57 亿元，比 2011 年的净利润（82.09 亿元）增加 5.48 亿元，增长率为 6.68%，如图 3 – 12 所示。

2012 年全国高校校办产业实现净利润排在前五位的省市分别是：北京市 35.34 亿元；浙江省 7.56 亿元；辽宁省 7.32 亿元；上海市 7.08 亿元；山东省 5.70 亿元。2012 年全国高校校办产业净利润排前五位的高校分别是：清华大学 14.53 亿元；北京大学 14.39 亿元；东北大学 5.51 亿元；中南大学 4.95 亿元；同济大学 3.45 亿元。

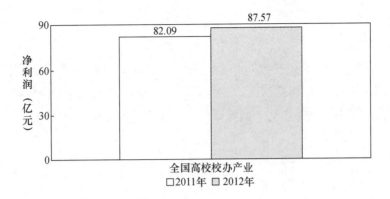

图 3 – 12 2012 年全国高校校办产业净利润总额（与 2011 年对比）

4. 归属于学校方股东的净利润情况

2012 年全国高校校办产业归属于学校方股东的净利润为 40.92 亿元，占全国高校校办产业共实现净利润（87.57 亿元）的 46.73%，如图 3 – 13 所示，比 2011 年全国高校校办产业归属于学校方股东的净利润（42.29 亿元）减少 1.37 亿元，降低了 3.24%。

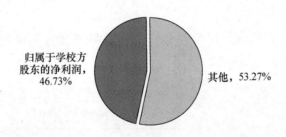

图 3 – 13 2012 年全国高校校办产业归属于
学校方股东的净利润占比

2012 年全国高校校办产业归属于学校方股东的净利润排在前五位的省市分别是：北京市 14.59 亿元；上海市 5.31 亿元；浙江省 4.88 亿元；广东省 3.20 亿元；山东省 2.69 亿元。2012 年全国高校校办产业归属于学校方股东的净利润排在前五位的高校分别是：北京大学 6.20 亿元；清华大学 3.88 亿元；北京外国语大学 2.85 亿元；同济大学 2.25 亿元；中国石油大学（华东）1.67 亿元。

5. 已支付给学校方股东的利润或股利情况

2012 年全国高校校办产业已支付给学校方股东的利润或股利为 12.81 亿元，比 2011 年已支付给学校方股东的利润或股利（8.88 亿元）增加 3.93 亿元，增长率为 44.26%，如图 3 - 14 所示。

图 3 - 14　2012 年全国高校校办产业已支付给学校方
股东的利润或股利（与 2011 年对比）

6. 上缴税金情况

2012 年全国高校校办产业向国家已缴纳税金总额为 161.19 亿元，比 2011 年向国家已缴纳税金总额（140.68 亿元）增加 20.51 亿元，增长率为 14.58%，如图 3 - 15 所示。

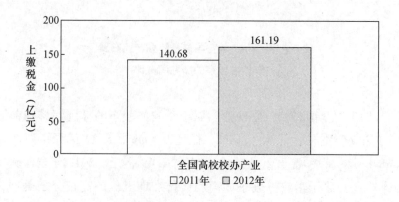

图 3 - 15　2012 年全国高校校办产业纳税总额（与 2011 年对比）

（四）人员状况

2012 年年末，全国高校校办产业职工共计 47.74 万人（学校事业编制人员 23640 人），其中，具有高等教育学历的人员 24.17 万人，占企业人员总数的 50.63%；研究开发人员 7.97 万人，占企业人员总数的 16.69%；专职管理人员 4.66 万人，占企业人员总数的 9.76%（见图 3-16）。校办企业接纳学生实习人数 93.14 万人次，累计工时 3575.36 万小时。此外，高校校办企业还参与硕士生、博士生培养工作，2012 年参与培养博士生 1325 名、硕士生 9101 名。

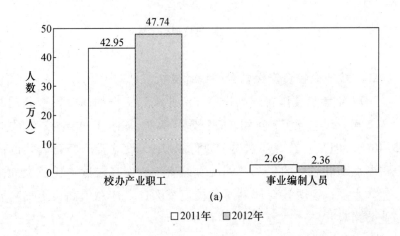

（a）

□ 2011年　□ 2012年

图 3-16　2012 年年末全国高校校办产业人员状况（与 2011 年对比）

（五）科技创新指标

2012 年全国高校校办企业与高校签订的产学研合作项目为 524 项，金额为 6.20 亿元。通过产学研合作承担的国家级科技项目 114 项，金额为 7.31 亿元；省部级科技项目 139 项，金额为 2.80 亿元。2012 年全国高校校办企业通过产学研合作申请专利 959 项（获授权的专利为 490 项），获得国家级奖励 40 项、省部级奖励 134 项。截至 2012 年年末，全国高校校办企业共拥有获授权的专利 2287 项，登记的计算机软件及集成电路版权 1328 项，获国家级、省部级的奖项 1800 项，如图 3-17 所示。

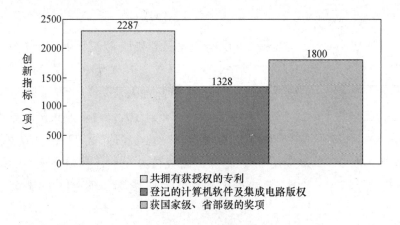

图 3 - 17   科技创新指标

二   普通高校资产经营公司统计分析

2012 年参加全国普通高校校办产业统计工作的高校资产公司共计 222 家，设立资产公司的高校占参加统计工作高校总数的 45.40% 。但是，教育部直属 75 所高校中，设立资产经营公司的高校占参加统计总额的 92% ，可见，教育部直属高校这一比例大大高于整体水平，说明教育部直属高校规模大，资产总值高，更加需要专业公司对其资产进行运作。

（一）资产状况

2012 年年末，高校资产公司的资产总额为 2651.87 亿元，占全国高校校办产业资产总额（3190.26 亿元）的 83.12% ，如图 3 - 18 所示。

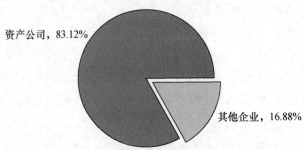

图 3 - 18   2012 年年末高校资产公司资产总额占比

2012 年年末，高校资产公司的负债为 1602.50 亿元，占全国高校校办产业负债（1902.73 亿元）的 84.22%，如图 3 - 19 所示。

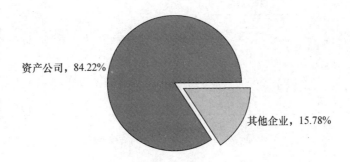

图 3 - 19　2012 年年末高校资产公司负债占比

2012 年年末，高校资产公司归属于学校方股东的所有者权益为 448.70 亿元，占全国高校校办产业归属于学校方股东所有者权益（633.92 亿元）的 70.78%，如图 3 - 20 所示。

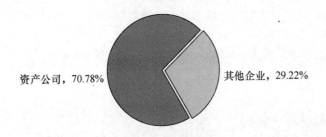

图 3 - 20　2012 年年末高校资产公司归属于

学校方股东的所有者权益占比

（二）经营状况

1. 收入总额情况

2012 年高校资产公司收入总额为 1758.48 亿元，占全国高校校办产业收入总额（2086.07 亿元）的 84.30%，比 2011 年的资产公司收入总额（1586.17 亿元）增加 172.31 亿元，增长率为

10.86%，如图 3 - 21 所示。

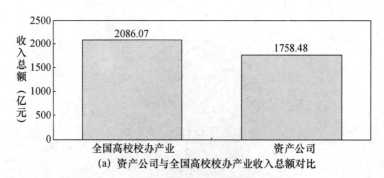

(a) 资产公司与全国高校校办产业收入总额对比

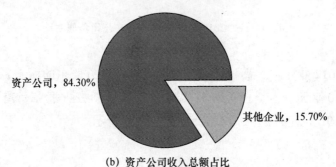

(b) 资产公司收入总额占比

图 3 - 21　2012 年高校资产公司收入总额

2. 利润总额情况

2012 年高校资产公司实现利润总额为 84. 30 亿元，占全国高校校办产业实现利润总额（108. 44 亿元）的 77. 74% ，比 2011 年的资产公司利润总额（80. 30 亿元）增加 4 亿元，增长率为 4. 98% ，如图3 - 22 所示。

3. 净利润情况

2012 年高校资产公司实现净利润为 67. 35 亿元，占全国高校校办产业实现净利润（87. 57 亿元）的 76. 91% ，比 2011 年的资产公司净利润（66 亿元）增加 1. 35 亿元，增长率为 2. 05% ，如图 3 - 23 所示。

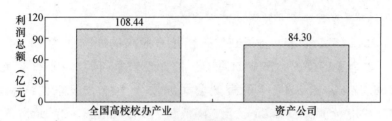

(a) 资产公司与全国高校校办产业实现利润总额对比

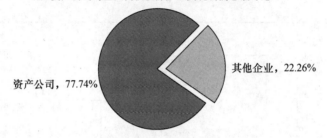

(b) 资产公司实现利润总额占比

图 3 – 22　2012 年高校资产公司实现利润总额情况

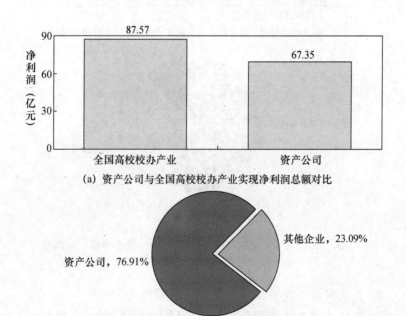

(a) 资产公司与全国高校校办产业实现净利润总额对比

(b) 资产公司实现净利润总额占比

图 3 – 23　2012 年高校资产公司实现净利润总额情况

4. 归属于学校方股东的净利润情况

2012 年高校资产公司归属于学校方股东的净利润为 28.14 亿元，占全国高校校办产业归属于学校方股东净利润（40.92 亿元）的 68.77%，比 2011 年的资产公司归属于学校方股东的净利润（30.19 亿元）减少 2.05 亿元，降低 6.79%，如图 3 - 24 所示。

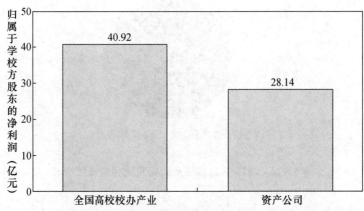

(a) 资产公司与全国高校校办产业归属于学校方股东的净利润对比

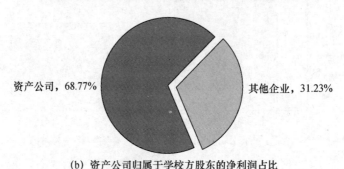

(b) 资产公司归属于学校方股东的净利润占比

图 3 - 24 2012 年高校资产公司归属于学校方股东净利润总额情况

5. 已支付给学校方股东的利润或股利情况

2012 年高校资产公司已支付给学校方股东的利润或股利为 7.26 亿元，占全国高校校办产业已支付给学校方股东利润或股利（12.81 亿元）的 56.67%，比 2011 年的资产公司已支付给学校方股东的利润或股利（5.21 亿元）增加 2.05 亿元，增长率为 39.35%，如图 3-25 所示。

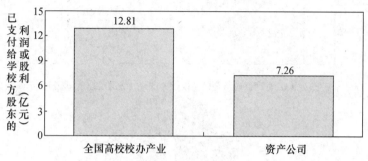

(a) 资产公司与全国高校校办产业已支付给学校方股东的利润或股利对比

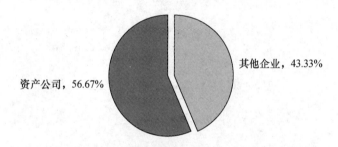

(b) 资产公司已支付给学校方股东的利润或股利占比

图 3-25 2012 年高校资产公司已支付给学校方股东利润或股利情况

6. 上缴税金情况

2012 年高校资产公司向国家已缴纳税金总额为 68.96 亿元，占全国高校校办产业向国家已缴纳税金总额（161.19 亿元）的 42.78%，比 2011 年的资产公司向国家缴纳税金总额（61.45 亿元）增加 7.51 亿元，增长率为 12.22%，如图 3-26 所示。

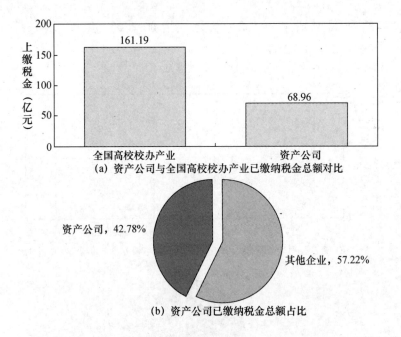

(a) 资产公司与全国高校校办产业已缴纳税金总额对比

(b) 资产公司已缴纳税金总额占比

图 3-26　2012 年高校资产公司上交税金情况

三　高校校办企业资产经营质量分析

从填报数据的 489 所高校校办企业看，校办企业共有 3478 个（一级企业 1751 个，二级企业 1727 个），一、二级企业数据基本上各接近一半。在一级企业 1751 个中，上市公司 6 个，占一级企业的 0.34%；在二级企业 1727 个中，上市公司 24 个，占二级企业的 1.39%。从一级企业中上市比例较低的现状来看，是因为规模较大，资产价值较高，盈利质量相对有限。

从企业性质分析，一级企业中，国有企业占 49.46%；二级企业中的国有企业仅占 13.78%，比例较低，从改制角度分析，民营企业倾向于在二级企业进行混合经营，这与深化国有企业改革意见提出的逐步深入的精神基本相符，同时也有些一级企业涉及特殊领域，暂不对外开放混合。

从控股情况看，一级企业的控股企业和按权益法核算的有重要影响力的企业占 88.30%，而二级企业的只有 72.9%，二级企业中控股比例明显低于一级企业，原因是一级企业规模大，其他资本为资金量有限，难以达到控股的目的，加上高校资产属于国有资产，为了避免国有资产流失，在改制中特别谨慎。

（一）从偿债能力角度分析

在全国范围看，2012 年年末，全国高校校办产业资产总额为 3190.26 亿元，负债为 1902.73 亿元，所有者权益为 1287.53 亿元，全国高校校办产业的资产负债率为 59.64%，与 2011 年的 59.18% 相比，略有上升。如果从资产经营公司的角度来比较，222 家资产公司 2012 年的资产总额为 2651.87 亿元，占全国高校校办产业资产总额的 83.12%；负债为 1602.50 亿元，占全国高校校办产业负债的 84.22%；归属于学校方股东的所有者权益为 448.70 亿元，占全国高校校办产业归属于学校方股东所有者权益的 70.78%，高校资产经营公司的资产负债率为 60.43%，如图 3-27 所示。资产经营公司高于整体 0.79 个百分点。因为资产公司属于高校经营实体，在承担社会责任之外，更多考虑盈利水平，在其从事日常经常和投资业务中，对外融资需求要比非资产经营公司大。

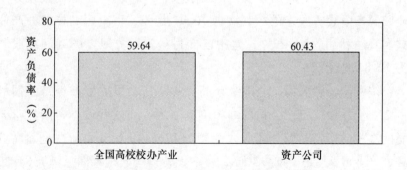

图 3-27　2012 年年末高校资产公司资产负债率
与全国高校校办产业资产负债率对比

（二）从盈利能力角度分析

2008—2012 年全国高校校办产业生产经营数据对照情况，如表 3-4 所示。

表 3-4　　2008—2012 年全国高校校办产业生产经营数据对照

单位：亿元

年度	收入总额	利润总额	净利润	上缴税金
2008	1233.37	71.23	40.87	94.69
2009	1412.29	87.35	56.77	117.59
2010	1671.83	100.28	82.00	139.92
2011	1868.73	99.82	82.09	140.68
2012	2086.07	108.44	87.57	161.19

从表 3-4 可以看出，无论从收入总额，还是从利润总额、净利润等指标来看，全国高校校办产业连续五年均呈现上升趋势，特别是给国家税收的贡献，接连攀升。

分析全国高校校办企业，从相对指标来分析，2008—2012 年连续五年，销售利润率分别为 5.78%、6.18%、6.00%、5.34%、5.20%；销售净利率分别为 3.31%、4.20%、4.91%、4.39%、4.20%。从校办企业为学校所做贡献来看，2012 年全国高校校办产业归属于学校方股东的净利润为 40.92 亿元，占全国高校校办产业共实现净利润的 46.73%，其中已支付给学校方股东的利润或股利为 12.81 亿元。

按资产经营公司，全国统计高校 489 所，设立资产经营公司的占 222 所，设立资产公司的高校不到一半，而这些设立资产经营公司的高校的资产经营公司收入总额为 1758.48 亿元，却占全国高校校办产业收入总额的 84.30%；资产经营公司实现利润总额为 84.30 亿元，占全国高校校办产业实现利润总额的 77.74%；资产经营公司实现净利润为 67.35 亿元，占全国高校校办产业实现净利润的 76.91%；资产经营公司归属于学校方股东的净利润为 28.14 亿元，占全国高校校办产业归属于学校方股东净利润的 68.77%；资产经营公司已支付给学校方股东的利润或股利为 7.26 亿元，占全国高校校办产业已支付给学校方股东利润或股利的 56.67%。这一组数据再次表明，相比没有设立资产经营公司的高校而言，设立资产经营公司的高校的资产经营效率明显要高，也说明资产经营公司这一经营运作模式有效。

第二节　高校校办企业的特点

一　高校校办企业发展迅速，态势良好

随着高校校办企业数量逐年以较快的速度增长，其发展的质量也不断提高。就 2012 年而言，高校校办企业排名前五位高校的资产几乎都超过百亿元，前五位的净利润也都是亿元以上。从前述 2008—2012 年连续五年的数据来看，均体现了逐年增长的态势。仅以北京大学为例，2012 年度全国高校校办产业收入总额为 700.48 亿元，利润总额 19.88 亿元，净利润为 14.39 亿元，归属于学校方股东的净利润为 6.20 亿元。上述资料除了净利润排名在清华大学之后，其余均排名第一。这表明，高校校办企业无论在企业规模还是在资产质量、盈利质量方面都具备相当水平，在国民经济中的地位也逐步提高。

二　高校校办企业发展不均衡

从统计数据可以看出，不同高校间资产和利润情况有较大差异。同样是教育部直属高校，根据 2012 年的数据，排名第一的北京大学的收入总额是排名第五的同济大学收入总额的 12.89 倍；在利润总额方面，排名第一的北京大学是排名第五的同济大学的 4.36 倍；在净利润方面，排名第一的清华大学是排名第五的同济大学的 4.21 倍。教育部直属高校之间有第一名与第五名差别如此，第一名与之后的相差更远，如果将教育部直属高校与地方高校比，其差别更悬殊，说明高校校办企业发展不够均衡，差异较大，少数部属高校校

办企业产业规模大、经济效益好、建设起点高，而大部分普通高校校办企业产业规模小、经济效益较低。

三　规范化公司制企业和国有控股企业占主导地位

在非公司制企业，投资者可以依法转让或者无偿划拨其投资形成的产权，所有权和经营权没有实现完全分离，而且非公司制企业不受《公司法》等法规的管理。基于非公司制企业的上述缺陷，越来越多的高校校办企业采用规范化的公司制组织形式，即资产经营公司，全国普通高校校办企业中公司制企业占主导地位，全国普通高校校办企业中国有控股企业占据绝对优势。

四　多元化投融资体系

为了解决经费短缺问题，自1993年复旦复华首开我国高校上市公司之先河，随后越来越多的校办企业不再单纯依靠高校投资，而是走上了市场融资的道路。[①] 高校上市公司依托名校背景，在融集资金、科技成果转化等方面具有得天独厚的优势。截至2012年年末，全国222家资产经营公司中上市公司共30家，其中在沪深两市证券交易所上市的公司共计25家，占两市市值的0.48%，在中国香港上市的有5家。

五　专职管理人员较少

在市场经济竞争日益激烈的背景下，企业包括校办企业都面临生存与发展的严峻挑战。其中，管理水平是制约校办企业能否持续发展的重要条件，而专业化的管理离不开专职管理人员。但从2012年高校校办企业从业人员专职管理人员的数量及占比情况来看，专职管理人员在企业职工总数中所占的比重很低，影响校办企业管理水平的提升。

[①]　汤军：《我国高校产业改制中的公司治理与财务管理模式探讨》，硕士学位论文，厦门大学，2007年。

第三节　高校资产经营管理体制与经营模式

　　高校资产经营公司是经政府教育部门及国有资产管理部门批准，并经工商管理部门登记注册成立的高校独资性质的特殊企业法人，其发展背景是 2005 年教育部文件《教育部关于积极发展、规范管理高校科技产业的规定》的出台，是为了适应我国高校科技产业改革发展的需要。通过对原有校办企业的改造，高校将原有校办企业的股份及所有经营性资产划转到资产经营公司，与其建立以资产为纽带的产权关系，并且授权资产经营公司为国有资产所有者的代表，由其代表学校经营管理经营性资产，以现代企业制度的资本保值增值来监督和考核资产经营公司。资产经营公司作为高校授权投资机构，对其授权范围内的经营性资产行使出资人职责，主要以控股、参股等方式从事资产经营活动，是高校经营性资产的投资主体和经营主体。高校与资产经营公司之间是一种国有资产授权与被授权的委托—代理关系，高校资产经营公司与所投资企业之间则是一种规范的企业投资与被投资的委托—代理关系。

　　高校资产经营公司的主要职能是统筹管理本校企业、促进科技成果转化和产业化以及实现国有经营性资产的保值增值，目的是要建立"产权明晰、权责分明、校企分开、科学管理"的现代企业制度。高校资产经营公司成立后，高校所有经营性资产都必须划转到资产经营公司，成为资产经营公司的法人财产。该法人财产独立于高校资产之外，作为出资人的高校不再拥有对出资财产的所有权，也不再拥有对投入经营资产的管理权。而由资产经营公司依法享有对该部分财产的占有、使用、收益和处分的权利。高校资产经营公司作为独立法人，实现了"校企"分开，而且实现了由非独立法人结构向现代独立法人结构的转变。高校资产经营公司成立之后，高校所有的投资和经营活动统一由资产经营公司代表学校以出资人的身份进行，高校不再以事业单位法人的身份直接对外投资和从事经营活动。① 资产经营公司以其全部财产对外承担责任，而高校则以出资额为限对资产经营公司的债务承担有限责任，债权人不能直接要求高校对资产经营公司的债务承担责任。这样，高校资产经营公司的成立相当于在投资企业和高校之间设立了一道"防火墙"，能够有效规避高校原有的潜在风险，避免因校办企业经营问题而影响高校正常的教学和科研活动。高校资产经营公司不仅实现了高校从事业单位的无限责任到公司有限责任的转变，而且实现了从事业管理模式（行政管理模式）向公司治理模式的转变。另外，高校资产经营公司的成立有利于统筹高校各种资源，推动高校科技产业的发展，同时依托高校创办具有文化特色和智力资源优势的企业，能够加快促进科技成果向产品的转化。

一　高校资产经营公司管理体制

企业健康发展离不开完善的公司治理，高校资产经营公司也不例外。资产经营公司是高校校办企业集团的核心，其治理结构直接影响高校校办企业整体的治理结构。高校资产经营公司治理结构的"胎盘"是企业治理结构，其最初的理论基础是公司治理理论。公司治理有狭义公司治理和广义公司治理。狭义公司治理主要指公司内部股东、董事、监事及经理层之间的关系，广义公司治理还包括与利益相关者如员工、客户和社会公众等方面的关系。② 本书采用狭义公司治理概念。现代公司制企业建立在所有权与经营权分离形成的委托—代理关系的基础上，由于信息不对称，组织剩余由经营管理者与所有者分享，存在着代理风险，公司治理结构就是为了解决代理问题而设置的一种协调机制。公司治理结构一方面为股东的控制权和利益提供制度保障，保证股东享有投资收益；另一方面又形成对公司高层管理者的约束，避免高管的机会主义行为。而公司

---

① 左猛杰：《浅析高校资产经营公司的发展对策》，《赤峰学院学报》（自然科学版）2010 年第 7 期，第 86 页。

② 王新亚：《公司治理结构研究及我国治理结构优化方案分析》，硕士学位论文，武汉理工大学，2003 年。

治理必须以一定的管理体制为依托。企业管理体制是指企业生产经营活动的管理机制、管理机构和管理制度的总称，其中法人治理结构作为最重要的管理机构是本书的研究重点。

公司法人治理结构是指由股东大会、董事会、监事会和经理组成的管理公司的组织结构。按照《公司法》的规定，高校资产经营公司既可以采取国有独资公司的组织形式，也可以采取一人有限责任公司即法人独资有限公司的组织形式。根据国有资产管理相关文件规定，国有独资公司或一人有限公司可以不设股东会，由国有监督管理机构行使股东会职权。高校资产经营公司系国有独资企业，不设股东会，实行董事会领导下的总经理负责制，应按照现代企业制度设立董事会、监事会和经营管理层，依据《公司法》和公司章程行使职权。高校资产经营公司法人治理结构的基本框架，如图3－28所示。

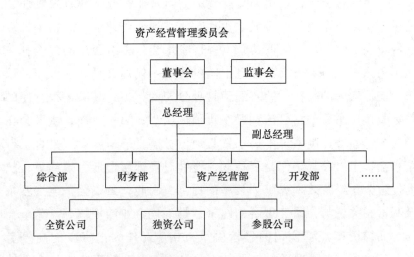

图 3－28　高校资产经营公司法人治理结构

（一）资产经营管理委员会

根据教育部《关于积极发展、规范管理高校科技产业的指导意见》第五条要求，高校要设立经营性资产监督管理机构，一般称为经营性资产管理委员会，代表高校行使出资人的责任权利。高校资产经营管理委员会相当于企业股东会，代表学校对资产经营公司享有出资人权利、行使所有者的职能。根据《公司法》规定，股东会主要职责有：（1）决定公司的经营方针和投资计划；（2）选举和更换"非职工代表"担任的董事、监事，决定有关董事、监事的报酬事项；（3）审议批准董事会或执行董事的报告；（4）审议批准监事会或监事的报告；（5）审议批准公司的年度财务预算方案、决算方案；（6）审议批准公司的利润分配方案和弥补亏损方案；（7）对公司增加或减少注册资本做出决议；（8）对发行公司债券做出决议；（9）对公司合并、分立、变更公司形式、结算和清算等事项做出决议；（10）修改公司章程。按照一般高校的做法，该机构人员为5—7人，由校长或党委书记以及分管财务、科研、产业、国资等部门的校领导构成。

（二）董事会

按照国有资产管理相关文件规定，国有独资或一人有限责任公司可以不设股东会，直接成立董事会。在现代公司治理结构中，存在两个层次的委托—代理关系，一是股东会与董事会之间的委托—代理关系；二是董事会与经理之间的委托—代理关系。一方面，董事会受所有者的委托，拥有经营管理公司的权力，其决策权行使的好坏直接关系着公司价值和股东价值的实现；另一方面，董事会在公司内部监督控制系统中处于核心地位，监督公司经理层是否执行董事会决定以及其工作是否称职，能够对经理层形成有效约束，从而促进公司经营效率和管理效率的提高。因此，董事会是连接股东及利益相关者与公司经理层的纽带，是现代企业治理核心。董事会作为高校资产经营公司的经营决策机构，对作为出资人的高校负责，其成员一般由熟悉经济业务、具备企业经营管理能力的人员构成，包括资产经营公司负责人、高校财务、科研、资产管理部门领导及相关专家、职工代表。根据《公司法》规定，董事会主要职责有：（1）决定公司的经营计划和投资方案；（2）决定公司内部管理机构的设置；（3）决定聘任或解聘公司经理及其报酬事项；（4）根据经理的提名，聘任或解聘公司副经理、财务负责人，并决定其报酬事项。

一般而言，董事会成员即董事可以划分为以下四种：

（1）内部董事（执行董事），是指既是董事会成员同时又在公司内担任管理职务、参与企业经营（一般指经理人员）的董事。内部董事本来就是公司内部人士，比其他董事更了解公司业务及行业背景，能够为董事会决策提供重要的信息。但由于自身就职于公司内部，出于经济人假设的分析，容易为了自身利益而不顾公司整体的长远利益。

（2）股东董事，是指非本公司职员而是由股东选派，并在董事会中占据主要比例和主导地位的董事。股东董事本意在于避免董事会成员与经理人员身份重叠和角色冲突，规避"内部人控制"现象，保证董事会独立于管理层进行公司决策和价值判断，更好地维护股东和公司利益。另外，股东董事可以为公司提供战略资源关系，充分发挥公司管理层和股东之间的桥梁作用，确保管理层与股东在业务发展、重大决策方面能够达成一致意见。

（3）独立董事，是指独立于公司股东且不在公司内部任职，并且与公司或公司经营管理者没有重要业务联系或专业联系，并对公司事务做出独立判断的董事。独立董事不仅具有独立性，还具有丰富的专业知识或实践经验，一般公司外聘的独立董事多是经济、法律、金融或人事管理部门专门人才或其他在政府或民间有发言权或一定影响的人士，能够促使公司在决策时从全局和长远的角度考虑问题，并利用其专业知识促进董事会决策的科学化。世界各国都对独立董事在董事会中的人数或比例进行了规定，西方主要国家公司治理原则中关于独立董事人数或比例的规定如表3－5所示。在我国，根据《公司法》规定，一般上市公司董事会成员中至少应当有1/3为独立董事。

（4）职工董事，是指由职工代表大会或工会会员大会民主选举产生，依照法律程序进入董事会代表职工行使决策权的职工代表。根据我国《公司法》规定，国有独资公司董事会中必须包括职工代表。

（三）监事会

按照《公司法》规定，高校资产经营公司应成立监事会，对高校资产经营公司经营活动、财务状况以及高层管理人员的职务行为进行监督。高校资产经营公司的监事会成员由高校国有资产监督管理机构即资产管理委员会委派，一般由高校审计、监察等行政管理部门的领导，经济、管理、法律等专业教授，资产经营公司职工代表等担任。其中，职工代表的比例不得低于1/3。

表3-5　　　　　西方主要国家公司治理原则中
关于独立董事人数或比例规定

公司治理原则	独立董事人数或比例
英国 Hample 报告	大多数非执行董事应为独立董事
美国商业圆桌会议	独立董事应占实质性多数
美国 CalPERS 的治理原则、指南	实质性多数应为独立董事
美国 CII 的《核心政策》	至少 2/3 为独立董事
通用汽车公司	独立董事应占多数
英特尔公司	独立董事应该占据董事会的多数
澳大利亚投资经理协会	大多数董事为独立董事
日本公司治理论坛最后报告	1/2 以上为独立董事
法国《维也纳特报告》	独立董事至少占 1/3
比利时《卡敦报告》	至少 2 名独立董事

（四）经理层

现代公司制度实行经理负责制，经理层是高校资产经营公司经营管理者，总经理是最高负责人。根据《公司法》规定，国有独资公司的经理由董事会聘任或者解聘。总经理主要有以下职责：（1）主持公司的日常生产经营管理，负责公司安全运营，组织实施董事会决议，并将实施情况向董事会报告；（2）组织实施公司年度经营计划和投资方案；（3）拟定设置、调整或撤销公司内部管理机构的具体方案；（4）拟定公司的基本管理制度；（5）拟定公司的具体规章；（6）提请聘任或解聘公司副总经理、财务部门负责人；

（7）聘任或解聘应由董事会聘任或解聘以外的管理人员和工作人员；（8）依有关规章制度决定对公司职工的奖惩、升级、加薪及辞退；（9）在职责范围内，对外代表公司处理业务；（10）董事会授权的其他事项。

二　高校资产经营公司经营模式

高校校办企业经营模式是一个不断向"校企分开"的发展过程，高校资产经营公司作为高校独资的国有资产运营管理公司，目的是摆脱学校事业体制的框架，改变过去的行政管理体制。资产经营管理委员会代表高校对资产经营公司履行出资人职责，资产经营公司对其下属子公司行使出资人职责，资产经营公司与其下属子公司之间是母子公司关系。由于资产经营公司下属各子公司在性质、规模、控股比例等方面存在差异，高校资产经营公司对其下属各子公司的管理模式也不尽相同，由此形成多种管理模式并存的母子公司管理体系，主要有以下三种常见模式。

（一）先有子公司，后有母公司

该模式是指资产经营公司的原始出资方为学校相关院部的全资子公司，或以院部科研、人力资源为依托，或使用院部的设备、场地。这些企业的资产管理关系虽然按要求转到资产经营公司，但无法割裂其与院部的紧密联系，导致资产经营公司不能对其全面行使股东权利，母子公司管理仅停留在形式上。①

（二）先有母公司，后有子公司

该模式是指先成立资产经营公司，然后由资产经营公司投资设立子公司。这些子公司或由资产经营公司联合其他股东共同出资组建，其中资产经营公司是主要出资人，或是经改制、重组设立。子公司成立时产权关系明晰，具备现代公司制度下的法人治理结构，为资产经营公司实施管理控制建立产权结构、组织结构基础。②

---

① 蒋星宏：《高校经营性资产运作问题研究》，《西部财会》2013 年第 10 期。

② 何钢：《高校资产经营公司财务控制研究》，硕士学位论文，西南财经大学，2008 年。

（三）母公司和母公司合并

该模式主要是指多校区管理的全资子公司，通过对各校区校办企业进行整合，成立新的资产经营公司，原各校区企业的资产划转到新的资产经营公司。原各校区校办企业涉及的资产、债务等历史遗留问题仍在原公司内解决，不会给资产经营公司带来风险。由于这些企业还担负着一定的历史任务，尚不能注销，但目前这些企业基本不存在主营业务，也没有专职管理人员，由资产经营公司统一管理。[①]

三　高校资产经营公司的财务管理

财务管理体制是公司管理体制的重要内容之一，是公司控制风险、实现价值最大化和可持续发展的重要保障。财务管理体制是划分企业财务管理方面的权责利关系的一种制度，是财务关系的具体表现形式。一般来说，企业财务管理体制包括企业与投资者之间的财务管理体制和企业内部的财务管理体制两个层次。在高校资产经营公司具体实践中，财务管理体制包括以下三个层次：作为出资人的学校对资产经营公司的财务管理体制、资产经营公司内部的财务管理体制和资产经营公司对被投资企业的财务管理体制。

（一）高校对资产经营公司的财务管理

第一，高校主要通过资产管理委员会和董事会对资产经营公司进行财务管理，具体是通过制定公司章程和财务管理制度。高校资产管理委员会和董事会负责听取和审批资产经营公司的预算报告和财务会计报告，审批通过资产经营公司的投融资计划、财务管理制度、薪酬制度和利润分配方案等，制定对经营者的业绩考核制度及奖惩任免办法，审批资产经营公司其他重大财务事项。

第二，高校对资产经营公司实行会计委派制度。由学校财务处向资产经营公司委派人员担任财务部主任，并列席与财务、投资、利润分配等有关的董事会和公司领导办公会议。学校委派的会计人员的薪酬由学校支付，年终向公司结算。实行委派会计定期轮岗制

---

① 蒋星宏：《高校经营性资产运作问题研究》，《西部财会》2013 年第 10 期。

度，以保证委派会计人员在经济利益上不依附于资产经营公司，委派会计因此能够独立、客观、公正地监督资产经营公司财务状况，维护出资人的利益。

第三，建立校办企业财务报告制度。资产经营公司必须按时定期向学校财务处报送企业财务会计报表，重大经济事项必须及时向学校分管产业的领导和财务处汇报，以便让学校作为出资人能够及时掌握资产经营公司的财务状况及经营状况。

第四，加强对资产经营公司的财务审计监督。加强学校审计处对资产经营公司的财务审计，是强化对资产经营公司监督约束机制的重要手段。通过加强对资产经营公司的年度财务审计，年度经营绩效审计，公司负责人任期内和离任经济责任审计，大额资金使用、财务管理制度等审计，及时发现资产经营公司财务经营过程中存在的问题，分析原因，提出风险警示和改进建议。

（二）资产经营公司内部财务管理

第一，独立核算是企业法人的一个重要财务特征，但企业内部可以存在多级核算主体，分级核算、逐级汇总上报。高校资产经营公司可以根据公司规模、各部门职能范围、产品等因素，对企业管理进行分工、分权，建立内部财务管理级次，分级进行责任主体认定、预算分解、资金结算、业务核算、业绩考核、财务审批等财务管理活动。但值得注意的是，财权不宜统得过死，以免失去活力降低效率，也不易过度分散以免造成风险增大和支出失控。

第二，在机构设置上，高校资产经营公司必须单独设置财务会计机构，编制和执行公司预算，负责会计核算和财务管理工作，对本公司财务实施控制和监督，进行财务分析和预测，编制财务会计报告，如实反映资产经营公司及其所投资企业的财务状况，并承担对所投资企业实施财务监管和检查指导的职责。

第三，资产经营公司应加强预算管理。高校资产经营公司成立后，高校所有经营性资产都必须转到资产经营公司，资产经营公司掌握的资源大大增加，可以集中力量干大事，但同时也存在较大的管理风险。此时资产经营公司的预算管理便显得十分必要，事前在编制公司预算时，要尽可能掌握更多、信息，尽可能将所有可能发生的财务开支活动都考虑进去，进行充分的调研与论证，为公司实现年度目标提供财力保证；事中要严格执行预算，不得随意更改、变动，谨防预算失控；事后要对预算执行过程及结果进行分析、评价，总结经验与教训，追究相关部门和人员的责任，并将其作为考核奖惩的依据之一。

（三）资产经营公司对被投资企业的财务管理

企业集团财务管理体制核心问题是财务管理权限的合理配置，其中又以母公司与子公司间的财权为主要内容。根据管控程度的不同，资产经营公司和被投资企业之间的财务管理模式主要有以下三种。

1. 集权式财务管理

集权式财务管理体制是指重大财务决策权都集中在母公司，母公司对子公司采取严格控制和统一管理方式的财务管理体制。[1] 在该模式下，高校产业集团所有重大财务决策权均集中于资产经营公司，包括子公司资本筹集、投资决策、利润分配、重大资本处置、营运资本金控制、会计政策制定和财务人员任免等，各子公司只负责短期的财务规划和日常的经营管理。集权式财务管理体制的主要内容有：（1）资产经营公司统一制定财务资金使用规划，各子公司重大经营活动耗用的财务资金必须符合集团规划；（2）一切资本分配活动均以支持集团总体战略为标准，子公司作为利润中心或成本中心没有投资决策权；（3）详细规定子公司的财务活动，并严格进行考核；（4）子公司的财务部门是资产经营公司的派出机构，资产经营公司对子公司财务经理的聘用、提升和解聘拥有最终决策权。[2]

集权式财务管理体制优点是：（1）由资产经营公司统一进行决策，有利于全方位控制各子公司的财务行为，确保高校企业集团整

---

① 林松民：《刍议企业集团的财务平衡控制》，《北方经贸》2007 年第 9 期。
② 汤军：《我国高校产业改制中的公司治理与财务管理模式探讨》，硕士学位论文，厦门大学，2007 年。

体财务目标的贯彻与实现；（2）有利于实现高校企业集团的资源共享，最大限度地实现财务资源的合理、有效配置；（3）有利于发挥资产经营公司财务专家的作用，降低子公司的财务风险和经营风险；（4）有利于统一调度企业集团的资金，提高财务管理效率。[1]

其缺点在于：（1）资产经营公司财务决策的失误会影响到子公司的财务状况；（2）财务管理权限高度集中于资产经营公司易挫伤子公司的积极性，抑制子公司的灵活性和创造性；（3）可能由于信息传递时间长，延误决策时机，导致子公司不能对市场变化做出及时反应。

该模式主要适用于业务管理集中或处于组建初期规模不大的高校产业集团。在该模式下，资产经营公司在公司设置会计核算中心和财务部，其中会计核算中心负责各子公司会计核算工作，财务部负责各子公司的财务管理工作。

2. 分权式财务管理

分权式财务管理体制是指绝大部分的重大决策权集中在子公司，母公司对子公司实行以间接管理方式为主的财务管理体制。该模式下，资产经营公司将日常财务事项的决策权与管理权下放到各子公司，一般不直接干预子公司的生产经营和财务管理活动，而只保留对子公司重大财务事项的决策权或审批权。[2] 子公司相对独立于资产经营公司，只需要将决策结果提交到资产经营公司备案即可。该模式主要涉及以下三方面的内容：（1）资产经营公司规定子公司的财务管理目标和要求，并赋予子公司经营管理者相应的权利与责任，一方面，子公司经营管理者对子公司的财务状况负责，另一方面，子公司要向资产经营公司报告其财务执行状况，由资产经营公司进行监控及考核。（2）分权式财务管理体制并不意味着资产经营公司将所有财务决策权都下放给子公司，资产经营公司对子公司重大财务事项拥有决策权。（3）各子公司的财务机构不是资产经营公

---

① 熊非非：《企业集团的财务管理研究》，硕士学位论文，武汉理工大学，2001年。
② 王守钧：《企业集团财务管理模式的探索》，《现代商业》2009年第36期。

司的派出机构,但要接受资产经营公司的财务指导,并定期向其报告本公司的财务、经营状况。

该模式的优点在于:(1)可以充分调动子公司的积极性;(2)财务决策时间较短,子公司能够对市场变化做出迅速反应;子公司在其授权范围内拥有决策权,决策程序减少,决策效率提高;(3)有助于减轻资产经营公司的决策压力,使其将精力集中在高校产业集团的战略决策问题上。其缺点是:(1)弱化了资产经营公司的财务调控功能,不利于高校产业集团资源的优化配置;(2)子公司出于自身利益考虑很可能会损害高校产业集团的整体利益,存在道德风险和逆向选择问题;(3)难以发挥规模经济效益。分权式财务管理模式主要适用于母子公司间业务管理度较低的高校产业集团。

3. 混合式财务管理

混合式财务管理体制即适度的集权与适度的分权相结合的财务管理体制,是集权与分权的适度分配与平衡。① 该模式避免了集权式和分权式财务管理体制弊端,既能发挥资产经营公司的财务调控职能,又能激发子公司的积极性和创造性,且有效控制子公司的财务与经营风险。因此,混合式财务管理模式应成为高校产业集团财务管理体制的目标。

四 高校资产经营管理存在的问题与分析

高校资产经营公司自成立以来,已经成为我国发展高科技、实现产业化的重要力量,同时也暴露出许多问题,给高校带来很多的经营风险和潜在的法律隐患。

(一)法人治理结构不健全

尽管当前高校资产经营公司按照现代公司制度的规定,在法人治理结构形式上普遍设置了经营性资产管理委员会、董事会、监事会和经理,但并没有秉承现代公司制度的精髓,建立的法人治理结构也不够完善,存在不少问题。

---

① 袁晓霞:《浅谈新时期企业财务管理模式的改进与创新》,《财经界》2012年第2期,第221页。

1. 高校资产管理委员会权力虚置

高校资产管理委员会作为代表高校行使出资人权利的专门机构，其成员一般由校长或党委书记，以及财务、科研、产业、国资处等部门领导构成，由校长或常务副校长担任组长。一方面，与一般企业的股东大会负责制定公司经营方针和投资计划类似，高校资产经营管理委员决定各项涉及校办企业的重大决策。但由于其由单一股东即高校构成，缺少利益制衡机制，召开的决策会议和校长办公室会议没有本质区别。再加上高校以教学科研活动为工作重点，在进行投资决策时往往会优先考虑教学科研活动，产业投资决策往往被延迟，这种行政色彩浓厚的经营管理体制不可避免地带来资产经营公司的低效益。另一方面，由于资产管理委员会的成员一般都来自高校，长期从事科学研究或者科研管理工作，很少涉足企业经营与管理，而且这些成员在高校资产经营公司多属兼职，经营管理企业的意图与一般股东的意图——利益最大化有所区别，在鼓励高校创收政策影响下可能不利于高校资产经营公司健康发展。

高校资产经营公司作为一个以利润最大化为目的的经营主体，处于市场激励竞争的环境下，需要一个懂经营的科学的决策机构，但高校资产管理委员会权力的虚置导致其运行效率不高，资产经营公司效益不佳，也违背了设立高校资产经营公司产权清晰、权责分明、校企分开、风险分离的初衷。

2. 董事会人员构成不科学

董事会是高校资产经营公司的经营决策机构，对作为出资人的高校负责，其成员应由熟悉经济业务、具备企业经营管理能力的人员构成。[①] 高校资产经营公司董事会成员通常由主管产业副校长担任董事长兼总经理，以及财务处、产业处和资产经营公司的主要负责人组成。高校资产经营公司的董事会大多是为了应对《公司法》的规定而成立的，其成员由高校各部门抽调出的人员拼凑构成，缺

---

① 徐艳丽：《探讨高校资产经营公司性质明晰法人治理结构》，《中国高校科技与产业化》2008 年第 6 期。

乏企业经营管理的专业知识，而且大部分成员都是挂名制，并不实质参与董事会的决策制定，董事会的决策权往往掌握在董事长一人或者以董事长为中心的少数几个人手中。一方面，高校资产经营公司董事会人员构成具有以行政任命居多、熟悉企业经营管理的专业人员较少、兼职人员多于独立董事、领导干部多于职工代表等特点，导致其只是《公司法》规定的制度化形式而已，不利于董事会有效行使决策权。另一方面，董事长兼任总经理使权力集于一身，容易导致个人独断专权现象，加大了决策风险，而且董事长与总经理本来是监督与被监督的关系，两者集于一身使监督制约成为空谈。另外，根据《公司法》规定，董事每届任期不得超过 3 年，在没有建立董事长任期责任目标制的情况下可能会造成董事长的短期行为，各届董事长制定的企业经营决策缺乏有效的衔接，从长远来看势必会制约资产经营公司的发展。

3. 监事会监督职能弱化

监事会作为监督部门对高校资产经营公司的经营活动、财务状况以及高层管理人员进行监督，其成员由资产管理委员会委派，绝大多数监事由高校财务、审计等部门领导担任。[①]

首先，根据《公司法》规定，监事会成员必须包括职工代表，且其比例不低于监事会人数的 1/3。但在实践中，大部分高校资产经营公司监事会成员中职工代表的人数和比例都不符合规定，监事会成员代表性不足，监事会很难充分发挥其应有的监督职能。

其次，高校财务与企业财务在管理和监督方面存在许多不同，检查公司财务是监事会的重要职权之一，但由于高校资产经营公司监事由高校财务、审计部门领导担任，其并不十分了解企业财务管理，获取信息也不充分，而且监督检查的重点是对经营者任期届满后的校内审计监督，不能及时发现资产经营公司日常经营活动中存在的问题，有效防止国有资产流失。

---

① 王丽娴、巫庆华：《我国股份公司监事会制度的现状和完善建议》，《特区经济》2005 年第 7 期。

最后，监事会成员由于行政级别较低，在高校行政管理体制下很难形成有效的监督。

4. 经理层经营管理企业的能力较低

高校资产经营公司经理层一般由学校委派组成，缺少面向社会的公开择优选聘机制，导致其经营管理企业能力不强。

第一，学校挑选经理层人员局限于学校内部，范围过窄，而且将"领导控制权"、"控制权"作为选拔的重要标准，而这些人员往往缺乏经营管理企业的专业知识与业务能力。

第二，由学校委派的经营管理人员多是事业编制，工资也由学校发放，由于缺少工资与业绩挂钩的激励机制，造成其不能全力提高公司业绩。

第三，由于长期处于高校行政管理体制下，这些经营管理人员在经营管理企业的过程中可能习惯于采用行政命令手段，与市场经济背景下现代企业经营管理方式不相适应。这些都不利于高校资产经营公司的良性发展。

（二）产权归属不清晰

产权明晰是现代企业制度的首要特征，也是高校资产经营公司的必然选择。但产权归属不清是许多高校资产经营公司存在的突出问题。根据《教育部关于积极发展、规划管理高校科技产业的指导意见》（教技发〔2005〕2号），高校成立资产经营公司后，须将所有经营性资产划转到资产经营公司，各高校要在2006年年底前组建高校资产公司并完成资产划转。根据《教育部关于高校产业规范化建设中组建高校资产经营有限公司的若干意见》（教技发〔2006〕1号），设立高校资产经营公司，应依法开展清产核资、财务审计、资产评估、非经营性资产转经营性资产、产权转让、产权登记和设立审批等工作，以防止国有资产流失，防止因违法违规改制或改制不彻底而使高校承担连带责任。以上规定划清高校与资产经营公司在资产产权、管理等方面的界限，使高校资产经营公司能够真正起到"防火墙"的作用。但目前仍有一些高校至今尚未完成资产划转工作，或是没有如实缴纳资产经营公司章程规定的出资额，或是将非经营性资产变更为经营性资产划转到资产经营公司时，也没有严格办理必要的产权转移审批手续，导致高校与资产经营公司之间资产性质和产权关系模糊。一旦资产经营公司发生债务问题，高校可能因出资不到位而承担连带责任，又或者，在资产经营公司成立前高校没有及时偿还对外债务，或高校没有按照资产经营公司章程的规定分配资产经营公司的利润，都可以被认为其有抽逃企业资本金的嫌疑而需承担连带责任。

由于产权归属不够清晰，导致高校难以规避高校资产经营公司的经营风险，高校资产经营公司这道"防火墙"在一定程度上形同虚设。

（三）科技成果转化率低

高校资产经营公司是为了适应我国高校科技产业改革发展需要而组建的国有独资性质的有限责任公司，可以实现产学研结合。促进科技成果的转化和产业化是高校资产经营公司的主要职能之一。一方面，高校资产经营公司可以依托自身的文化特色和智力资源，以高校资产经营公司为平台，将最新的科研成果和专利技术孵化为可以进行规模化生产的现实生产力；另一方面，高校资产经营公司也可以将社会经济发展以及企业对科技的需求信息传递给高校及其相关科研机构。但实践中高校科技成果转化率很低，根据相关调查数据显示，我国部分高校科技成果转化率不足 10%。导致我国高校科技成果转化率低的原因可能有：一是我国高校资产经营公司成立时间较短，没有具体经验可供借鉴和学习，各高校都处于"摸着石头过河"阶段。[①] 二是目前我国高校资产经营公司还停留在规范化建设阶段，工作重心是对原来校办科技产业进行规范化管理，距离将高校资产经营公司简称科研成果孵化平台的最终目标还很远。三是高校科研成果转化存在较高风险，目前还没有建立风险投资机制，许多企业基于风险考虑，很少或不愿对高校就科研成果进行

---

① 朱骥、岳鹏飞：《高校资产经营公司存在问题与发展探析》，《技术与创新管理》2010 年第 5 期。

投资。

在高校科研成果转化率低的背景下，高校内部在科技发展程度方面也存在差异。一般来说，理工科院校的科研成果比较容易转化，因此相对综合型院校而言，其科技产业发展效果要好，这些学校凭借核心学科、科研成果优势创办高新技术企业，发展态势良好。

（四）国有资产流失严重

第一，高校在将非经营性资产转为经营性资产划转到资产经营公司时，并没有经过严格资产评估，或评估价格过低，或是无偿划拨给资产经营公司，导致国有资产流失。

第二，高校在将非经营性资产转为经营性资产时没有建立完善的经营性资产管理体制，经营性资产的管理并未从学校完全剥离，导致其存在多头管理的混乱现象，权、责、利模糊，国有资产运营不规范，缺乏对国有资产流失的体制约束。

第三，为了扶持校办企业发展，一些校办企业经常无偿使用学校配置的科学教研或行政办公设备等从事一些经营活动，这实际上是高校非经营性资产所有权的部分转移，校办企业并没有给予相应的价值补偿，造成国有资产的隐性流失。

第四，资产经营公司在使用高校经营性资产时缺乏统筹安排，经营效益低下，无法实现资产的保值增值，从而导致国有资产流失。

（五）有效监督机制缺失

高校资产经营公司缺少有效的监督机制，除了以上讲到的监事会监督职能被弱化，还存在其他方面内外部监督的不足。就内部监督而言，高校资产经营公司内部审计存在问题：一是内部审计缺乏独立性，多数公司将其隶属于财务部门，接受高层管理人员的领导，很难保证审计结果的真实性与公允性；二是高校资产经营公司内部审计工作仍以财务审计为主，重点是揭露国有资产流失问题，多是事后审计，审计方法单一，尚未建立风险评估与预警机制，这些都导致内部审计的质量和效率不高。就外部审计而言，高校作为出资人有必要对资产经营公司的重大投融资、担保、借贷、财务等行为进行监控。高校也设置了审计部门对资产经营公司进行监督，但与企业审计不同，高校审计部门以往主要是对学校决算和财务收支业务进行审计，其常用的审计方法和程序可能并不适合企业。

正是由于有效的内外部监督机制的缺失，加上高校企业体制改革一直远远滞后于国有企业改革，且游离于国资委监管体制之外，导致校办企业成为腐败重灾区。

（六）管理体制不顺

企业管理机制是指企业管理活动内在的管理要素有机结合过程中发挥作用的过程和方式，制约着企业的存在与发展。但在目前具体实践中，校企间产权关系尚未理顺的现象比较普遍。一些高校后勤集团与资产经营公司同时存在，虽然部分传统校办企业在名义上被划至资产经营公司，但实际管理权仍掌握在后勤集团，造成"双重管理"模式，极易产生管理权力的交叉重叠或空白缺位，出现问题时易出现相互推诿扯皮现象，一定程度增加了企业管理的难度和复杂度。一些高校至今尚未完成资产划转工作，导致资产经营公司不能独立开展经营管理工作，加上资产经营公司并没有严格按照现代企业制度建立完善的公司治理结构，缺乏科学决策、规范管理、良性运行的机制，导致资产经营公司经营管理效率低下。除此之外，激励机制和约束机制也是企业管理机制重要内容之一。但由于高校资产经营公司由传统的校办企业改制而来，具有典型的事业单位的特点，激励机制和约束机制一直不够完善。资产经营公司中有不少高校事业编制人员，其工资并不是资产经营公司根据其工作绩效发放，而是由学校依据其事业岗位发放，存在"大锅饭"心理，导致这些人员在资产经营公司中缺乏积极性，使高校资产经营公司发展动力不足。

（七）缺乏综合性绩效评价体系

在高校作为出资人的所有权和资产经营公司经营权两权分离情况下，如何保证资产经营公司能够切实履行高校出资人职责，维护所有者权益，实现国有自有资产的保值与增值，并使高校资产经营公司朝着学校既定目标发展，此时建立对高校资产经营公司的绩效考评体系就显得十分必要。而且，高校资产经营公司作为国有独资企业，要遵循国家有关国有资产监管的相关规定。《教育部关于积极发展、规范管理高校科技产业的指导意见》（教技发〔2005〕2号）明确提出，高校对高校资产经营公司、高校资产经营公司对所投资企业要建立业绩考核制度及其奖惩办法。因此，建立综合性绩效评价体系是提高高校经营性资产运营管理质量的重要保证。高校资产经营公司的综合绩效评价体系应该以投入产出分析为核心，兼顾长期目标和短期目标，实行定性考核和定量考核相结合、结果考核和过程评价相统一、考核结果与奖惩办法相挂钩的考核制度，全方位、全过程地考核企业运营管理质量，提高企业的市场竞争能力，实现国有资产的保值增值。[①] 按照该思路，资产经营公司的绩效评价体系应该包括企业战略管理、法人治理结构、成本管理、财务管理等各要素，其指标体系应该由反映企业财务状况、资产运营状况及偿债能力等指标构成。但在高校资产经营公司实践中，绩效评价往往以财务评价为主，评价指标单一，无法真实全面地反映高校校办企业的运营管理水平。

（八）资产使用效率低下

第一，由于高校经营性资产产权权属不清，双头管理模式导致高校经营性资产管理的混乱，使得资产使用效率低下。

第二，高校将所有经营性资产划转至资产经营公司，资产经营公司具有相对独立的经营管理权，由于实践中高校资产经营公司法人治理结构不够健全、监督机制不够完善等都制约着企业经营管理水平，从而制约着资产使用效率水平的提高。

第三，资产经营公司承担着国有资产保值增值的责任，会将股权进行投资设立子公司，而实践中存在着资产经营公司股权资源分配不合理现象，获取收益较少，造成资产使用效率较低。

---

① 舒小燕：《高校资产经营公司绩效考核体系的构建——以中山大学为例》，《教育财会研究》2012年第6期。

第四章　高校资产经营管理模式研究

高校资产经营目标是由高校本身职能与市场经济下现代企业要求而定，高校首先是社会化，其次是经济利益。高校还有研究型大学与教学型或混合型之分，不同类型高校定位与目标密切相关。在不同类型与体制下，高校为了加强资产经营管理，其管理模式有所不同。

第一节　高校资产经营管理体制

一　高校资产经营管理体制构建基本原则

（一）高校非经营性资产与经营性资产实行分类管理

市场各个主体始终追逐一定的营业目标，也称为商业目标，在这一前提下，市场在资源配置方面的重要作用才能够发挥。在高校资产经营管理中，高校资产的特殊性使得高校资产的经营管理目标也有一定的特殊性，即多重目标性，其中既包括一般市场主体的商业目标，也包括高校资产经营所特有的社会目标。但在实际经营中，一般性的商业目标通常与带有特殊意义的社会目标相冲突，在这种情形之下就需要经营者在实现特定目标而制定的各种体制中进行对比挑选做出最优选择。一般情况下，某一主体为了实现商业目标，市场往往优于政府干预或计划，前者比后者更有效地帮助市场主体实现自己的商业目标；而在实现社会目标方面，政府干预或计划则优于市场，前者能够更加有效地帮助市场主体实现既定的社会目标。高校资产在经营管理时根据属性不同，分为非经营性高校资产与经营性高校资产，根据不同的经营目标分类经营，这是为了解决高校资产经营管理中的多元目标性所带来的冲突，也就是商业目标与社会目标相互冲突的最基本手段。除此之外，这一方法也大大方便了高校资产经营管理的绩效评价，因为通过分类管理可以为高校的资产运营评价体系提供更加简明清晰的评价尺度与标准。分类不同的高校资产所遵循的评价标准也各不相同，显而易见，非经营性高校资产经营管理绩效评价体系是围绕社会目标构建的，而经营性高校资产的经营管理评价体系则依据所制定的商业目标完成程度。由于经营性高校资产的经营管理所追求的最大目标就是盈利，在保证高校资产价值不遭受损失的前提下，最大限度地使高校资产增值，并且为高校的教育科研与未来发展提供资金支持。由此可见，经营性资产经营管理目标的核心即是盈利，因此可以结合《公司法》进行调整规划。

在高校资产经营管理中，通常按照资产性质施行分类管理，也就是分为经营性高校资产和非经营性高校资产这两类。目前，经营性高校资产的经营管理根据《公司法》规定，需要逐步成立股份制有限公司或者有限责任公司，由该公司承担高校经营性资产的经营管理，这一转变对于各利益相关方极为有益，一是对高校与国家来说，可以保障高校与国家作为资产所有者的相关权益；二是在市场中可以保障公司的市场主体地位，同时可以为高校的资产经营管理提供有效的组织形式。

（二）依照委托—代理理论规范建立相应制度

虽然高校在产业改制中可以建立高校资产经营公司，采用现代企业制度一定程度可以保障高校与国家的所有者权益，但是并不能百分之百地确保实现既定的高校资产经营目标。国家与高校作为高校资产的所有者，有一定的资产所有者权利，通过使用这一权利能够委托投资机构、组织，或者对某一个人授权，使其可以代表高校与国家行使所有者权利。而这些被委托或者被授权的投资机构、部门抑或是个人，与国家高校之间所存在的关系是委托—代理关系。

委托—代理关系中由于利益冲突或者最终目标不一致，容易导致各种各样的问题，最终导致高校资产经营管理低效。全体社会成员的代理人也就是国家，由于所有权行使不当而导致高校资产经营管理的效率低下，这直接影响高校资产经营管理的商业目标，不能实现既定的盈利目标甚至出现资产流失，因此需要对被国家与高校进行委托授权的投资部门机构或者个人建立一定的激励与约束机制。

二 高校国有资产经营管理体制基本框架

（一）高校国有资产经营管理体制基本含义

高校的资产经营管理体制，是在高校资产多层级的委托—代理关系的基础上而发展的委托人与代理人之间的在责任、权力以及利益这三个方面相互关系的制度框架。为了方便管理与绩效评价，通常将高校资产根据不同的性质分为经营性资产与非经营性资产，有时也被分为资本项目与基金项目，这种分类管理的方法，有助于解决高校资产经营管理中的社会目标与商业目标冲突问题。但是经营性资本与非经营性资本的分类管理并不会影响高校资产经营管理中普遍存在的委托—代理关系。在高校资产的经营管理中，无论是经营性资产的经营管理体制，还是非经营性资产的经营管理体制，都是以多层级委托—代理关系中委托人和代理人在责任、权力和利益三方面关系为制度框架，也就是说，高校经营性资产与非经营性资产的经营管理体制都是在多层级的委托—代理关系中设定的系列制度。

（二）高校资产经营管理体制基础框架

随着市场经济的发展，企业逐渐形成一种完善成熟的模式，也就是公司法人治理结构，能够规范地体现出委托—代理关系中委托人与代理人在责任、权力和利益三个方面的相互关系。但是，由于公司治理结构并非百分之百完善，以及制度存在缺陷而出现各种问题，例如内部人控制，中小投资者的利益没有保护等，因此对治理结构的效果仍提出疑问。但是，目前各个国家《公司法》仍然以公司法人治理结构为主，这也意味着这一基本模式仍然被广泛接受并且有一定作用。既然世界范围内都在《公司法》有研究并规定了成熟的公司治理结构，而且高校成立资产经营公司运作的是经营性资产而带有企业的性质，因此高校资产经营管理体制的建立可以借鉴公司治理结构的建设经验。

通常情况下，普通的公司治理结构包括股东大会、董事会、监事会，以及经理层。股东大会（股东会）是公司的最高权力机关，一般意义上由全体股东组成，有时也会是一部分股东代表组成，股东大会行使公司所有权，主要体现在：（1）制订公司的营运战略计划、投资决策，以及对于董事与监事的任免选举；（2）决定董事监事的薪酬水平；（3）对于董事会和监事会所提交的报告书进行审议与批准，同时还要对公司的年度预算决算方案报告进行审批；（4）审议批准公司利润分配方案以及出现亏损时需要采取的弥补措施方案；（5）对公司的注册资本增加或者减少做出决策；（6）在一些重大事项需要谨慎决策，比如公司修改公司章程、收购、合并和破产清算等事项。股东大会所做出的各种决议，需要由出席会议的股东一定比例以上表决权通过才能正式生效。股东大会由董事会负责召集，每年定期召开一次，需要时召开临时会议。需要说明的是，并不是每一个股东都必须出席股东大会，股东可以委托一代理人代替自己出席会议，股东在自己的权限范围内有权查阅公司所有的相关资料，并且当公司的董事会或者股东大会出现违法违规行为，或者股东大会和董事会的决议使自己不能保障合法权益时，可向法院提起诉讼。

董事会是公司的执行机构，主要负责行使决策权。董事会主要工作包括：（1）召集股东大会，并向其报告工作情况；（2）执行股东大会决策做出的各项决议；（3）制订公司经营战略以及投资计划并提交给股东大会，由其决定是否可行；（4）向股东大会提交预算决算报告；（5）制订公司的利润分配以及亏损发生时的解决方案，之后提交给股东大会由其决定是否采用；（6）对公司的注册资本增加或减少做出决定方案；（7）对于公司的重大事项，例如收购、合并、破产清算等事项制订计划与方案；（8）对公司的内部管理层的机构设置与人员做出安排，任免公司经理、副经理、财务等方面的负责人，并且决定这些职位的薪酬水平，同时还需要制定与调整公司的管理制度进行，确保公司长久稳定发展。通常情况下，公司治理结构中的董事任期是有限的，董事不一定是股东，董事可以是法人。与股东大会不同，董事会需要每年至少进行两次会议。

监事会是公司的监督机构，主要行使监督权。在行使监督权时主要负责对公司的财务年报，以及公司董事经理的管理决策行为检查监督，同时还要负责在突发状况时提醒董事召开临时股东大会。监事不一定是公司股东，也可以是法人，但是在公司已经担任董事或者经理等职位的人不可以再出任监事这一职位。

经理层是公司治理结构中的辅助业务机构，主要行使执行权，执行公司董事以及股东决策，主要包括负责公司的生产经营工作，实施董事会的各项决议，实施董事会制定的经营战略与投资计划，制定公司的基本管理制度以及基本章程，负责对公司由董事会决定任免之外的管理层的任免聘请，例如副经理或者财务管理人员。经理可以由公司的董事或者股东担任，也可以是非股东、非董事，但是必须是自然人。

高校是全民所有制单位，其所有权为国家所有，而高校又是社会目标与商业目标的混合，加上国家所有制形式下的行政特征，高校资产经营公司的公司治理结构中股东大会、董事会、监事会、经理层的复杂关系，这些关系既相互制约又相互辅助，既有共同目标又利益冲突，因此理顺这些关系，理解高校的系统性、复杂性，建立制度的科学性与合理性，才能建立高效的高校资产经营管理体制，如图 4-1 所示。

如图 4-1 所示，在高校资产经营管理体制结构下，国务院对高校资产行使所有权，但并不由国务院直接行使这一所有权。在国务院下设立高校资产监督委员会，通过高校资产监督委员会实际行使所有权。高校资产监督委员会内部则对高校资产进行分类管理，根据资产的属性不同，分为基金项目管理委员会对高校非经营性资产经营管理负责，资本项目管理委员对高校的经营性资产进行经营管理。而高校非经营性资产经营管理也就是基金项目的经营管理所追

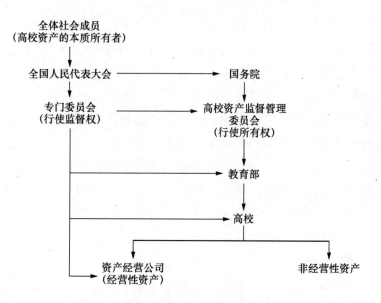

图 4 - 1　资产经营公司在高校管理体制中的定位

求的是特定的社会目标，这一社会目标通常可以通过高校企业内的运营生产而实现，也可以由国家相关指定政府机构或者个人的经营而实现；高校经营性资产也就是资本项目的经营管理则是追求一定的商业目标，也就是以营利为最终目标。在最近的高校产业改制中，高校在现代企业制度基础上，建立高校资产经营公司。在高校资本控股公司中，国务院隶属政府机构也就是高校资产监督管理委员会或者其他有国务院授权的投资机构或者个人，派遣资产所有者代表进入公司的股东大会或者董事会。根据我国《公司法》相关法律法规规定，高校资产经营公司拥有公司所有股东投资而得到的全部法人财产权，依法享有民事权利，相应的需要承担依法必须承担的民事责任。国家作为资产实际所有者而拥有相应的所有者权利，并且根据投资额的比率承担一部分责任。高校资产监督管理委员会必须依照我国所颁布的《公司法》中相关法律法规而行使自己对于高校资产的所有权，而高校资产监督管理委员会可以通过两种方式行使自己的所有权，即"用手投票"与"用脚投票"。在"用手投票"方式下，高校资产监督管理委员会派遣特定的所有者代表人通过参加董事会或者股权大会直接进入公司的治理结构中，直接参与到资产经营公司的经营生产，所有者代表人代表的是高校资产的全体所有者即全体社会成员，因此必须站在维护高校资产所有者权益的角度参与公司的经营管理。而在"用脚投票"方式下，高校资产监督管理委员会通常选择将所有权授权给投资机构或个人，委托这些中介公司或者个人参与资本市场，从而实现高校资产的流动与资本配置，实现高校资产增值保值的目标，为高校的教育科研提供资金支持，保障高校长远稳定发展。为了规范国务院在行使所有者权利时的行为，全国人民代表大会设立一定的监督委员会，对在高校资产经营管理中所涉及的各个方面以及行为进行监督约束，主要包括国务院以及在多层级委托—代理关系中所涉及的全部委托方与代理方。

三 高校内部资产经营管理组织

（一）高校内部资产经营管理组织基本原则

一个特定群体为了达到某一最终目标通常会采用协同工作，在这个协同过程中每一个人都负责不同的分工，有着不同的职权工作岗位，以及各个个体工作者之间的联系方法，对这一系列事物的明确规定称为组织。在现代企业管理理论中，对组织的科学研究有一套最基本的组织原则，主要包括以下几个方面。

1. 专业化分工原则

当群体中的每一个人都在为同一个目标而工作时，通常是通过分工合作的方式，专业化分工则可以极大程度上提高群体中工作效率以及工作质量。

2. 统一指挥原则

为了确保组织工作的高效性与高质量，组织中的工作人员通常只接受单一上级的命令与指挥，并且需要对自己的工作负责，上下级之间形成一个单一的指挥链条。

3. 管理层次原则

组织中通常形成一定层级结构，层级数量取决于组织大小，组织越大层次越多。另外，层次的设定也是需要通过具体管理情况决定的。层次是从上级到下级之间的责任者关系，组织中的上级对下级的命令指挥必须通过组织层次逐层下达，而下级对上级的成果汇报也需要逐层依次向上汇报。

4. 职权一致原则

职权一致原则指要对每一层级的管理者明确其所担负的管理职责，但是同时又要赋予管理者相应的管理权限以便其更好地履行职责。权利和职责相匹配相一致，统一领导的同时又需要在组织内部进行分级管理，二者相辅相成才能更好地达到目标。

5. 以工作为中心原则

在组织中，必须以工作为中心而不是通常意义上的以人为中心，这也就意味着应该根据不同工作需要挑选合适的人，而不是根据不同的人设置工作。

6. 能级原则和新陈代谢原则

能级原则是指在不同的职务以及工作岗位的工作人员，必须具备与所担任职务相符合的工作能力，也就是组织内部的各个管理层次都具有不同的能级，这样有助于在组织内部形成科学稳定的管理层次结构。新陈代谢原则是指在组织内部的工作人员应保持有一定的流动性，也就是所谓的保持一定的新陈代谢，这样有助于提高组织的活力，从而达到更高的工作效率。

7. 有效管理范围原则

组织内的管理层级需要控制在有效管理范围内才能确保一定工作效率，这也就是意味着每个管理者直接领导的下级数量应该控制在合理数量中，过多或者太少都影响工作效率，而有效管理范围的界定则需要通过具体的工作而决定。

(二) 高校内部国有资产经营与管理组织架构

根据目前国内各个高校内的普遍实际状况以及现代科学管理组织理论，高校在资产管理经营中应该采用直线管理制与矩阵管理制相结合的组织形式。这种复合的组织形式同时吸收了直线管理制与矩阵管理制的优点，在保留的直线管理制优点的基础上增加了矩阵管理制中的横向联系，这样使得高校内部的资产管理更加灵活。直线管理制与矩阵管理制相结合的高校资产管理组织形式下，高校资产管理通常由以下机构管理。

1. 高校内部国有资产经营与管理领导机构

高校资产经营管理中具有最高权力，能够直接领导其他所有组织内的管理机构，以及能够协调各个管理机构间的任务关系，同时可以负责高校资产管理决策的管理机构，即高校资产监督管理委员会。该管理机构需要对高校的资产经营管理最终目标也就是资产的增值保值以及高校长远健康发展负责，并且保障工作顺利开展。由于高校资产的属性不同可以分类管理，因此高校资产监督管理委员会下也相应设立两个不同的领导小组，一个是高校非经营性资产经营管理领导小组，另一个则是高校经营性资产经营管理领导小组，两个领导小组分别对高校的经营性资产以及非经营性资产的经营管理工作负责。

2. 财务管理机构

在高校资产管理组织中设立的财务管理机构即财务处，在高校内部属于一级财务机构，而高校的二级财务机构则是指高校后勤、科技开发、校办企业以及一系列基本部门的财务机构。财务部门的主要职能是通过货币计量，以及在会计方面的清算核算对高校资产剩余价值进行评估，评价高校资产管理的具体成果，另外，需要绘制高校资产负债表以直观反映高校的资产状况以及为高校经营管理的绩效评价提供数据支持。在高校日常工作中，财务管理机构除了需要对高校的实物和资金进行管理以外，还需要管理高校的货币资金。财务部门通过自身职能对高校资产进行核算以及进行科学系统的财务管理，能够更加有效地促进高校资产的使用，防止高校资产流失，同时对于高校资产经营管理目标也就是高校资产的增值保值有着重要意义。

3. 非经营性资产管理机构

不同高校中非经营性资产管理机构不完全相同。而决定高校非经营性资产管理机构数量的因素是规模大小、师生人数，以及高校所拥有的资产规模。高校规模大，师生人数通常为 2 万—3 万人及以上，资产规模大，可设立较多的非经营性高校资产管理机构，主要包括国有资产管理处、设备管理处、后勤管理处；学校规模较小，师生人数少于 2 万，则非经营性高校资产管理机构较少，通常只设立一个国有资产管理处，但是其承担的职能是三个机构职能的总和。

国有资产管理处：国有资产管理处的主要职责是根据国家相关法规以及高校具体章程对高校的资产进行全面的排查登记，在查清高校所有资产的同时清晰登记在案。除此之外，一方面需要明确高校资产的所有权关系，对高校资产中的经营性资产与非经营性资产进行细致的分类规整，明确经营性资产与非经营性资产之间的界限；另一方面需要建立完善的高校财产管理制度与财产使用制度。国有资产管理处存在意义是彻底排查清楚高校的各类财产以及实物资产的数量，如实记录在册，同时衡量其真实价值，对高校资产进行细致分类，将应该归属于国家所有的财产归入国有资产管理。

设备管理处：设备管理处的主要职责就是对于学校的各项教学实验设备以及原料材料的采购、验收、维修、保养和使用等方面着手管理学校的实物资产，从而确保高校中的各类设备时刻处于优质状态，并且能够保证各类材料的充足供应，通过这些方面延长设备的使用寿命以及使用效率。

后勤管理处：后勤管理处主要职能分为三类：一是对后勤集团的一系列服务，主要是对非经营性服务进行管理；二是对高校各类建筑物的管理，例如高校的新建建筑物，或者扩建建筑物；三是对高校土地以及高校公房的管理。

4. 高校资产经营公司

高校资产经营公司是对高校所有校办企业负责并且对其进行统一管理。高校校办企业主要包括科技企业、校办工厂、服务性企业，校办企业需要遵循自主经营、自负盈亏、自我发展、自我约束等原则。资产经营公司是为了实现高校资产经营的最终目标，也就是实现高校资产的增值保值，为高校教育科研提供资金支持，保障高校的所有者权益。

第二节　高校资产经营公司组织结构

一　组织结构设计理论

组织结构通常由三种不同成分组成，分别是复杂性、正规化以及集权化，由这三种成分构成的组织结构代表的是组织的框架体系。其中，复杂性代表的是一个组织内部的分化程度，前文提到组织规模越大则组织中的层级关系越多。同理，在一个组织中，组织内部的工作分工越细化精确，组织中的层级数量越多，纵向等级层次越高，组织内部单位在地理层面的分布越广泛，组织内部人员的相互工作协调以及人事调动方面的困难加大，这些都在一定程度上体现了组织的复杂性。组织内部的规章制度以及一定的规则程序对组织内部工作人员行为的约束引导作用称为正规化，正规化的程度与组织的规则引导程度相关联。在一个组织中，所使用的规章程序以及规则制度越多，这个组织中的正规化程度越高。集权化则是对于组织内部的决策权与制定权的相关分布，在组织中决策权与制定权的分布通常有两种状况：一种是决策权高度集中的组织，在这种组织中，下级工作人员将问题依照层级关系依次逐层报告，最终由高层级的经理等管理人员制定行动方案；另一种情况就是分权化方式，这种组织内并不是只有高层级的经理才有决策权，每一层级的负责人都有一定的决策权，在这种方式下组织内部的管理更加灵活，同时应对问题更加高效。

高级管理人员在建立一个完整高效的组织结构之前，需要对组织设计有一个全面充分的考虑，也就是说，管理人员需要设计合理的组织结构，对每一个组织内的层级有明确合理分工并赋予相应的权利，同时制定相应规章制度以约束组织内部的工作人员。

（一）机械式组织

根据古典设计原则设计出来的组织一般情况下都是机械式组织。

在传统设计原则中最大的特点就是统一指挥原则，也就是组织的管理者对整个组织进行统一指挥，这样形成的指挥链条是一个单一指挥链条，在这种层级链条中每一个下级只受一个上级的单一指挥，从一个上级处接收指令，同时也只接受一个上级的监督约束。在这种单一指挥链条中，随着组织规模的扩大，组织中的层级结构增加而管理跨度却是逐渐缩小的，这样导致最终形成一种高耸并且非人格化的组织结构。随着组织的层级逐渐增加，高层管理人员与底层工作人员的距离也不断增加，这就导致了高层管理人员很难对底层人员的工作活动直接监督，因此可能存在高层指挥命令不能很好实施的状况发生，为了避免这种情况发生而导致的组织工作效率低下，高层管理人员通常采取制定规章制度来约束底层工作人员。

在古典设计原则中，研究者充分信赖劳动分工的作用，在这种情况下组织内部的工作变得简单，标准化并且常规化，但是在这种部门化的方法中由于不断增强的专业化会使得上文中所提到的组织非人格化这一特性也随着增强。

根据以上描述可以推断，在古典设计原则下设计出来的机械式组织应该具有决策权高度集中也就是高度集权化、高度复杂化，同时由于高层管理人员不能直接监督底层工作人员而不断制定的规章制度而导致的高度正规化。在古典设计原则中提到，规章制度以及正规化的程度可以起到提高组织内部工作人员工作效率的作用，而标准化则可以确保组织的稳定性以及对未来的预测性，而人格与人性这些不可控因素则会导致工作中的不一致并且降低工作效率，必须尽可能减少，因此使得古典设计原则下的组织具有非人格化特性。

在组织内外各种因素，例如外部经营环境、内部规章制度、企业文化等权变因素的影响下，企业选择机械式组织时，一般还有两个细化分类，即职能型结构与分部型结构。

职能型结构是在古典设计原则中以职能为基础的设计组织，将同类的相似或者相互有关联的专家放在同一个组织中组建结构，并且将这种职能为基础的设计原则贯穿整个组织的设计中，成为组织的主导原则。在职能型结构中，相似或者相互关联的同类专家在同一组织中所产生的规模效应是其最突出的优点。在这种情况下，可以避免其他结构中常见的设备与工作人员的重复配置，从而可以节省经费减少开支。同时，同类专家在一起工作，方便工作人员的相互交流沟通，可以大大提升工作效率。但是，职能型结构也存在不少的缺点：一是职能型结构中追求是职能目标，这是由于设计的主向导决定的，因此整个组织的最佳利益很有可能被忽略。二是各部门集中的是同类专家或者相关专家，一个部门的视野相对来说比较狭窄，很难考虑到全局而只注重强调自己部门的重要性，导致各个不同职能部门间有可能出现各种矛盾与冲突，因为每个职能部门都只能对自己领域负责，没有任何一个职能部门能够对所有结果负责。三是职能型结构中不能够为高层管理人员提供系统全面的培养机制，每一个职能部门负责人都只能看到比较狭窄的局面，与其他职能部门接触的机会较少，这种情况没有办法给负责人提供一个可以接触到整个组织且充分考虑全部组织的机会，因此造成管理者的视野狭窄、考虑问题不全面等问题。

分部型组织是依照古典设计原则，在组织中设计有自我包容特性的单位，而每一个作为独立个体的单位都是自治运行，并且相应的权力也比较大，具有独立制定战略和运营方案的权力。每一个单位负责人对这个单位工作成果绩效进行管理，从某种意义说分部型结构中每一个独立的自治单位是职能型结构的改造升级。分部型结构与职能型结构相比有两个较为突出的优点：（1）分部型结构更注重结果，每一个自治独立小单位的管理者对这个分部具有完全责任，更高层级的管理者也可以将关注点放在整个公司的长远发展方案中，不必分心将精力花费在分部这些日常事务具体运营中；（2）与职能型结构不同，分部型结构能够为公司的各位管理人员提供良好的锻炼环境，各个小单位负责人在单位自治过程中由于每个单位的独立性与包容性，通常需要负责人也有一定的独立性，制订计划需要考虑全局，具备准备充足的经验。但是，与职能型结构相似，分部型结构也有缺点，就是在分部型结构中通常存在资源重复配置，使得组织内部的总成本不断攀升，也会导致组织工作效率低下，例如在分部型结构每一个分部都有可能有一个独立的会计部门，而在职能型结构中则由专门负责会计工作的职能部门统一集中处理会计事务，大大降低在会计方面的花费。

（二）有机式组织

有机式组织与机械式组织完全不同，有机式组织是分权化、低复杂性，以及低正规化，这与机械式组织形成鲜明对照。一是有机式组织不同于机械式组织，没有严密的组织结构。通常情况下极为松散，没有像指定明确的工作规章制度等用以约束工作行为的条款，不过，这样的有机式组织可以根据实际情况或者突发事件灵活做出调整。二是在有机式组织中没有明确的分工标准，因而对于组织内部的工作人员要求较高，需要多职业化并且具有熟练技巧的工作人员，在经过一系列工作教育和职业训练之后，工作人员通常有能力处理各类问题与各类不同的工作。在这种情况下，管理层的直接监督或者各类规章制度并没有什么实际用处。

二　高校资产经营公司的机构设置

（一）资产经营公司的特点

高校资产经营公司是受高校资产所有人也就是国家与高校的委托，通过股权关系对所投资的企业进行管理监督，以实现高校资产的保值与增值，为高校教育科研提供资金支撑，同时确保高校长远稳定发展。高校资产经营公司的出现，通过建立一套系统合理的高校资产所有权监督约束制度，解决高校资产管理方面过去存在的政企不分问题，进一步规避由于高校资产经营管理不当而对高校正常教育科研的损害。因此，在高校资产经营公司的组织结构建立方面，应该充分考虑到高校资产经营公司的特性与职能，发挥高校资产经营公司的"防火墙"作用，结合组织结构的设计原则建立科学合理的公司组织结构。

（二）高校资产经营公司内部组织结构

高校资产经营公司内部一般采用职能型组织结构，在前文中已经论述过职能型结构的优缺点。选用职能型结构，主要是由于高校资产经营公司的主要作用就是负责高校资产的经营管理确保高校资产的保值增值，行使所有者职能，因此在职能型结构中公司相关人员可以更好地集中精力管理经营高校资产，避免一些日常运营业务的干扰。资产经营公司作为高校各个分类企业的统一管理者，需要对下属各行业子公司提供一定的援助与支持，例如，法律援助或者财务支持，同时也需要充分发挥管理者的作用，对各个子公司的日常经营生产工作进行监督控制，并在不同的公司间加以协调。

一般高校资产经营公司根据每个部门职能分工，分别设有经营性资产管理委员会、董事会、经理层、监事会、产业联合总支部等结构部门。高校资产经营公司由于采用的是职能型结构组织，在上述五个部门中，将同类型相似或者相关联的专家归集在同一个部门，这样的人员设置可以避免组织中人员重复设置，同时也可以规避设备重复购入、资金浪费与使用效率低等问题，同时类似或者相关联的专家聚集在一起发挥规模经济效应，大大提高工作效率，为资产经营公司带来良好的内部效应以及规模经济效应，这也体现了职能型结构组织的优点。高校资产经营公司内部的资产管理委员会、董事会、经理层，以至于监事会与产业联合总支部中的负责人都需要考虑到公司的长远发展战略，需要将自己的职能工作与各个部门相联系，不能只注重与自己工作的重要性，需要与公司内的所有部门相联系相配合，协同工作，为高校资产经营公司的最终目标也就是高校资产的增值保值，以及高校长远稳定发展而共同努力，这一点也恰恰是职能型组织结构中最薄弱的一点。

在高校资产经营公司的组织结构中，高校资产所有人直接对经营性资产管理委员会授权，以使得资产管理委员会具有所有者权利，可以在公司中作为股东代表行使法律所赋予的一系列权利，同时也要承担相应的责任。作为股东代表，资产管理委员会取代了一般公司治理结构中的股东大会，具有最高决策权，需要审批董事会的一系列报告，在涉及股东权益的重大事项中具有最终决策权。根据我国《公司法》相关规定，同时结合高校的具体情况，高校资产经营公司的投资人为高校，也是出资者，一般采用董事会制度。高校资产经营公司中的董事会也是由高校直接授权，董事会有权利对公司的重大事项做出决定。高校资产经营公司中的董事会成员以及董事长都由高校直接派遣或者任命，这与普通公司中由股东大会决定董事任免有根本上的不同。在高校资产经营公司中，董事长作为法定代表人。由于没有设置股东大会，因此董事会成为公司中的最高权力机构，对公司的经理任免负责并且决定公司管理层的薪酬水平。除此之外，需要对公司的长远发展制定战略，规划公司的投资方案，决定利润分配等一系列董事会应尽的义务与责任。高校资产经营公司的经理由公司董事会投票选出，经理直接对董事会负责。公司经理负责对董事会的各项决议进行实际实施，管理公司的具体经营生产活动，制定公司管理制度以及聘请董事会直接任命以外的职务。高校资产经营公司组织结构的监事会，也由高校直接授权，作为资产所有者的代表人对资产经营公司的管理现状与目标达成状况进行全面监督，监事会将各个方面的监督情况形成报告，直接向资产管理机构汇报。

第三节　高校资产经营管理体系

一　高校资产产权制度

建立完善的高校资产管理体系，首先必须建立完善的高校资产产权制度，明确高校资产的产权归属为重中之重，明晰并且界定高校资产的产权边界与产权所有者的权利与义务，解决以前在高校资产产权方面模糊不清难以界定的问题，从而进一步建立有利于高校资产使用与配置，使高校资产资源配置更加有效的管理机制。

按照现代产权制度基本要求以及国家相关法律法规规定，高校设立资产管理机构，并由资产所有者对其授权，赋予其在工作中必需的权力、责任与利益。高校资产管理机构代表学校承担在资产管理中的出资人一方的相关职责，可以行使相应的所有者权益、权力和义务，实行权责相统一，在享受权益的同时需要承担相应的责任，管理人事与管理资产相结合、相统一。在高校资产产权改造进程中，高校资产管理机构需要逐渐推行由高校各类企业中相关工作人员持股比例逐渐提高的方法，以此逐步改变投资主体。只有这样，高校产权虚置才有可能彻底解决，从而使高校资产的资源配置效率以及经济效益大大提高。如前文所述，高校资产的所有者从本质上来说是全体社会成员，国家只是一个代理人的身份，但是这一点并没有具体体现出来。在高校资产的经营公司及其各类高校企业中，这一点也并没有体现出来，公司的所有者并不是资产所有者，因此在资产经营收益时也并不能从中获益，公司工作人员不会产生积极性，因此通过产权改造进程，国有资产的部分转移到公司员工名下，使公司员工成为高校资产的部分所有者，这种直接的所有者形式能够最有效地解决产权虚置这一问题，公司员工的利益与产权直接相连，职工不再单一地追求个人利益而是考虑到整个公司的经营发展，使员工个人的最终目标与公司的最终目标一致，追逐企业利润最大化，在实现个人利益的同时兼顾到企业利益，也就促进了高校发展，这一思路的实施可以借鉴上市公司的股权激励方案。在这种产权改革下，劳动者与生产资料直接相结合，使高校资源的配置更加高效优化，有益于高校资产经营公司的经营管理，实现资产的增值保值。

二 资产分类管理体制

高校资产种类繁多，数量巨大，类型涉及各个方面。高校资产按照不同的性质主要分为两类：一类是为了满足高校正常的科研教育需求的非经营性资产，也就是基金项目；另一类是用于经营获利的经营性高校资产，也称之为资本项目，主要是学校后勤方面资产和科技成果转化形成的资产。在对用于维持高校日常教学科研的非经营性资产管理中，追求的是社会目标而不是商业目标，着重的是对社会整体福利的贡献以及对社会成员福利的提高程度；而以营利为目的的高校经营性资产管理中，追求首要目标是商业目标，这一最终目标是确保高校资产安全，实现保值与增值，为高校的教育科研提供资金支撑。由此可见，这两类高校资产之间的目标并不一致，并且存在一定的冲突矛盾，在这种情况下很难将二者放在同一个管理制度下进行经营管理，并且由于具有两种不同目标，不同性质的资产也很难用统一的绩效衡量标准对其进行考核评价。因此，在高校的资产管理体制中，必须建立资产分类管理制度，根据属性不同，将两种资产明确分类界定，分别设立不同的管理制度。

三　高校资产形成制度

高校资产管理体系中最先考虑高校资产如何形成，没有资产来源，就没有管理的对象，因此必须建立科学合理的高校资产形成制度。只有在科学合理的资产形成制度之下，才能够公正有效地对高校资产进行配置使用，提高高校资产的使用效率。如何建立高校资产形成制度，主要从以下几点着手：

（一）建立科学性的高校资产配置标准

在制定科学合理的高校资产形成制度时，首先必须有一个公正合理的高校资产配置标准。高校的资产配置标准一般情况下要保持统一性这一特点。这意味着，高校资产配置必须由高校资产管理机构统一制定的标准，高校内所有部门都必须遵循这个标准，各院或者各部门不能再各自自行制定配置标准。高校资产配置标准的另外一个特点，就是以价值标准作为次要标准，实物标准作为主要标准，能够使用实物标准的尽量使用实物标准，但是对于一些变化频繁、变化较大或者种类繁多，不适合继续采用实物标准时，可以放弃实物标准而采取价格标准，只是在采用价格标准时应该考虑到通货膨胀、物价变动、货币时间价值，以及不同地区之间的物价差异这些因素，合理地确定资产的价格水平。还有一个特点是强制性，高校资产管理机构指定资产配置标准之后，相关部门以及学院都必须严格按照规定执行，不能够私自改变标准。在实际情况中，高校的资产管理机构，需要彻底排查清楚高校目前资产使用状况，结合国家的相关法律法规规定以及高校目前的资产状况，建立健全完善的资产配置标准。

（二）建立高校预算与资产配置相结合制度

高校的资产配置标准应该与高校预算管理系统相结合。根据高校的预算管理，按照预算方式对高校资产进行配置，根据不同学院、部门承担的任务量制定资产配置标准。每一个学院或者部门在进行资产购入与添加时都必须考虑预算，并且将这一部分花费纳入预算，以避免不合理的资产购入或者随意开销而造成的资产损失。预算管理系统所制定出的预算，在经过高校管理层的审批认可之后，立即生效，高校各个学院以及部门必须严格遵守，不得私自不经过法定程序加以改变或者破坏。为了让高校预算管理系统在高校的资产配置中发挥更大的作用与功效，高校也应该从预算改革着手，加快预算制定的改革与创新。一是为了使预算更加精准，需按照部门编制预算，预算的制定细致划分至每一项，每一个部门的经费花销状况都需要详细系统地反映在预算表中，不仅要具体到部门及学院，还需要进一步细化到学院或者部门的每一项开支。通过这种方法，加强预算管理的准确性、公开性、公正性，同时具有更强的约束力，从而有效地避免高校中资产重复购买浪费资源以及资源闲置等问题，提高高校资产的利用率，实现资产保值增值。二是预算管理系统中对于预算编制时间应该提前，在对各个学院及部门编制年度预算时，可以将编制时间提前到年度开始前的 4 个月或更早，时间早到何种程度，与高校的规模、预算量有关。预算编制时间的进一步提前，可以保证有足够的时间编制预算，降低编制预算的压力，同时在时间充足的情况下有助于提高预算的准确性与质量，在发生突发事件时也可以有修改的余地。三是应该将预算与资产管理成果联系。我国目前所使用的预算，普遍关注点在于投入资金的使用，但是，在资金投入之后以及资产使用效果之间的联系并没有深入研究。因此，在编制预算时可以考虑加入教学科研成果指标这一类可量化的衡量指标。各个学院或者部门在申请预算之后，必须有相对应的成果展示，预算管理部门在划拨预算时也要考虑到该学院或者部门是否能够取得相应的成果，只有通过这样的方法才能将高校的资产配置与预算有机结合起来，提高高校资产使用效率。

（三）建立高校资产使用制度

高校资产种类繁多数量大，因此对于高校资产使用必须有健全完善的管理制度。对于高校内的一些价值量大，但是使用率较低的专业设备或者办公用地、办公用车这些高校资产最好采用集中管理的方式，在专业化集中管理的模式下能够有效地提高这一部分高校资产的使用率。同时，在高校资产使用过程中应该有一套完整的高校资产使用管理责任制度，这套制度的关注点在于高校资产的价值管理。一是需要在学校各个学院以及部门中设立高校资产管理负责人，负责所在单位使用资产的状况。该责任人需要对高校资产完好率负责，同时其业绩薪资以及晋升等方面都会与之关联。二是对于价值高昂的重点设备需要有专门的资产管理人员负责该资产的使用，有必要实行资产管理人员持证上岗制度，可以确保资产管理人员更好地完成自己应负的管理职责，同时有助于提高管理人员的工作素质，有利于保护资产的安全性。三是在高校资产使用制度中，需要采用实物管理与资金管理相结合的管理手段。

四 国有资产处置制度

建立科学合理的高校资产处置制度，有利于避免高校资产的流失与随意处置等问题的发生，具体情况如下。

高校资产调剂制度是为提高高校资产使用率而建立的制度。在高校资产调剂制度的规范要求下，高校资产管理部门可以对高校内长期闲置或者使用率较为低下的高校资产进行资产调剂，同时也包括一些已经超过编制定额的高校资产，这样做的目的在于使各项高校资产可以物尽其用，避免资产的重复配置等问题。当高校需要购入新的资产时，高校管理部门首先从闲置资产中进行调剂，避免不必要的浪费，当无法从闲置资产中调剂时才可以进行新的购置。高校中的各个学院以及每一个部门可以利用高校资产管理报告获得需要的资产使用信息。对于一些价格昂贵或者办公用地、办公用车等高校资产，需要实行集中化管理，有利于高校大宗专业资产等调剂工作。同时，高校的资产管理机构，需要突破以往的高校资产管理理念，建立统一的高校资产调剂制度，这样使得高校资产能够进行统一调剂，有利于高校资产的重新使用与高效利用。

高校资产报废制度在高校资产管理体系中十分重要。高校资产种类繁多，性质各有不同，因此根据高校资产的不同性质、特征以及在高校内的实际使用情况，制定相应的不同种类的报废制度，包括各种各样的报废标准与报废程序。通常情况下，根据资产的价值分类是比较常见的分类方法，价值在一定特定金额以内的高校资产根据已经使用的时间确定是否报废，价值超过特定金额也就是价格较高的专业性资产，除了依据已经使用的年限以及实际使用状况以外，还要通过相关机构鉴定该资产的当前状况才能确定是否报废。高校资产在进行报废时有严格报废审核批准制度，先向高校资产管理机构提出报废申请，高校资产管理机构经过严谨的考核审查以后，根据制定的报废标准，最终决定是否同意该资产报废。在资产报废以后，需要按照国家相关法律法规，对已经报废的资产及时注销产权，在没有经过高校资产管理机构审批同意的情况下，任一学院、部门或者个人都不能私自不经过正常的报废程序而报废高校资产，否则，将追究相关负责人责任。

五 高校资产经营管理评价制度

高校资产经营管理绩效评价制度是对高校资产经营公司以及其他高校资产管理部门工作成果考核的重要手段。高校资产经营管理绩效评价制度需要合理地将一般公司企业的绩效评价标准延伸改革创新，使之适用于高校资产管理评价考核，也就是借鉴一般考核制度中成本效益原则，将高校资产的使用与成果有机联系起来，实行严格的绩效考核制度，有利于高校内的各个学院和部门高质量地完成任务，例如教学任务、科研成果等，同时促使高校在资产使用时提高资产使用效率，减少浪费，节约高校资金。

规范化的规章制度和程序是确保一项制度在组织内顺利运行的关键，因此要想建立完善有效的高校资产经营管理绩效评价制度，就需要有一套完善的规范的资产管理评价程序，应该包括以下几个方面：一是需要确定高校所追求的业绩目标，制定的预期结果，以及预期花费的资产，将预算管理与高校的目标业绩相结合，提出科学合理的资产与业绩目标之间的关系；二是需要对高校资产管理的全过程实施监督管理，监督落实到资产管理的每一个环节以及每一个部门，制定固定的收集资料报送制度，通常情况下这个固定周期为一个月，对资产的实际运作以及高校各个部门学院的任务完成情况紧密监控，对在这个过程中出现的各种问题及时纠正，避免发生更大问题；三是由相关高校资产审计部门对高校资产管理成果进行评估审核，绘制高校资产管理绩效报告，并提交给高校资产管理机构等相关部门；四是需要制定科学有效的高校资产管理绩效评价指标。高校资产管理绩效评价指标是整个高校资产管理绩效评价制度的基础所在，也是最核心的部分。根据高校资产的性质不同，评价指标也略有不同，这是因为高校的非经营性资产所追求的最终目标是社会目标，而高校经营性资产所追求的则是商业目标。目标的性质不同，自然不能采用同一个绩效评价指标。基于此，再借鉴国内外已有成熟的绩效评价体系，高校资产管理评价体系主要有四个方面的指标：投入指标、产出指标、效率指标、效益指标。其中，投入指标是指在某一个项目中所占用的实际资产比例，产出指标则是指学校最终所完成的教学任务与科研任务或者是对社会福利的贡献方面，效率指标是指高校的投入产出之比，效益指标则是指高校所完成的教学任务与科研任务的质量好坏，以及高校的外部效应。

　　为了建立一套科学有效的高校资产管理绩效评价指标，学校的资产管理部门应该提供具有指导意义的高校资产管理绩效评价标准，以这个标准为基础，将性质不同的资产进行分类管理，并根据不同种类资产的独有属性进行分类评价，制定有针对性的评价指标。除此之外，由于权变因素的影响，为了保证高校资产管理评价指标的科学性，必须对此根据外界各类因素的不断变化而做出相应的调整，使之与当前的经济环境、政治环境和社会环境相适应。

六　高校资产管理监督制度

　　为确保高校资产的经营管理能够有效开展，提高高校资产管理的经营业绩与经营成果，有必要建立一套完善的高校资产管理监督制度，一方面监督高校资产的经营管理状况，另一方面让资产管理层执行高校资产管理体系中的各项制度。同时还应该设立明确的高校资产管理责任制度，清晰明确地规定高校资产管理中各个层级的工作人员与负责人的职责所在，以及在工作失误造成高校资产损失或者流失的情况下，每位工作人员所承担的法律责任与经济责任。责任制度的基础在于落实每一个职位的不同责任，避免由于责任不明确而造成的无人负责局面。高校资产管理监督机制的主要职能作用在于，监督管理部门对于各项制度规定的执行状况，以及在资产管理部门中各个职位与岗位的具体工作落实情况，以及存在的潜在问题，对于问题及各种状况及时发现、及时纠正，避免出现重大失误导致高校资产流失。为了达到监督效果，对资产管理层的监督与考核应该与相应的激励机制相结合，将管理层的利益与高校资产管理的最终目标相结合，对工作人员产生激励作用，加强管理层的责任感与服务创新意识，不仅有利于高校资产管理的实际执行，也可以提高高校资产资源配置的有效性，大大提升整个管理层的管理水平与工作效率。

第四节　高校资产经营公司经营范围

一　高校资产经营公司内涵

国有资产经营公司，是经过法定程序批准建立的以经营国有资产为主要目的的特殊企业法人。资产经营公司作为国有资产所有人的代表在其权限范围内对所辖的国有资产行使所有权，按股份经营的方式参与市场化经营活动，承担国有资产的投资与经营责任，其经营活动目的在于实现国有资产保值与增值。

国家主管机关要求高校对于自身的经营性与非经营性资产实行分类核算，并建立相应制度进行管理。高校成立专门的资产管理委员会统一管理学校的国有资产，通过建立高校独资的资产经营公司，全权负责高校经营性资产的管理与运行，以自身所拥有的财产为责任承担的限度。高校资产经营公司的性质是特殊的企业法人，其资本来源于事业单位划拨，但其自身是企业，不具有机关事业性质；但又由于其自身成立原因、资本占有来源于高校，因此其内部人事制度等又区别于一般的企业法人。这就构成了高校资产经营公司相对于事业单位和企业的特殊性质。

高校资产经营公司具有双重定位，第一定位是隔离风险，高校资产经营公司通过与高校资产分割，实现经营风险分割，避免市场经营性行为给高校带来的不确定风险；第二定位是获取利润，高校资产经营公司是企业法人，其自身就是以获得经济利益作为组织行为最终目标。在日常运营中，除从自身投资活动中获得正常的分配利益之外，还可以将自身资产通过股权运作的方式，获得额外的增值途径，实现自身价值的最大化。高校资产经营公司通过产权制度的顶层设计，将经营性资产与高校其他资产进行剥离，实行企业法人独立经营，可以实现较大程度上的政企分离，避免企业自身经营行为对高校履行高等教育和科技研究等职能的冲击。因此，高校资产经营公司职能主要是集中于公司利益最大化，而不应该担负更多的其他职能。资产经营公司作为高校资产保值增值的载体，其自身利益的最大化就能够实现高校资产的最大化。

资产经营公司为高校资产经营委托机构，其成立确立了三大关系：高校与其自身的下属企业关系，高校对资产经营公司的控股关系，资产经营公司对其他下属企业的控制关系。通过这些关系的确立，形成以高校经营公司为总体领导下的统一经营体系，实行决策、产品、资本运作和组织结构的统一，实现资源的有效整合，提高高校经营性资产的经济效益。

高校资产经营公司构建一个高校管理层到资产经营公司再到下属高校企业的层级分明、权责明晰、运作高效的组织体系架构。高校资产经营公司以企业经营方式直接领导下属公司，高校利用控股形式实现对高校资产经营公司控制，极大地减少高校公司运作中的行政色彩，赋予高校下属企业更多的市场自由经营权利，提高高校资产经营管理的效率。高校资产经营公司负责对高校下属企业的优化整合。整合对象依据其不同经营状况，采取不同的整合方式，对于在市场竞争中具有较大竞争优势，并且发展前景较好的下属企业，可以采取资本扶持，走上市发展的道路；对于竞争力一般，但是经营范围与高校资产经营公司相符合的下属企业，可以由资产经营公司直接兼并；对于市场竞争力低下的下属企业，则应该进行重组转让，在此基础之上按照现代企业治理体系，重新建立以营利为目标的治理体系。

由上可知，资产经营公司作为高校资产经营的委托机构，接受高校控股控制，以实现高校资产利益最大化为目标。高校资产经营公司也是实现高校经营性与非经营性资产分类经营管理改革的产物，实现高校经营风险的分割。

二　高校资产经营公司经营目标

高校资产经营公司充当高校和社会企业之间的"媒介"，一方面，有效避免高校直接参与市场的经营风险；另一方面，高校资产经营公司拥有从学校剥离出的经营性资产占有权、经营权和处置权，承担保值增值的责任。高校资产经营公司是利用高校经营性资产从事市场经营业务并自负盈亏的企业法人。因此，其自身具有多重内涵：负责高校经营性资产的运营管理，保护高校资产的安全，承担高校产学研一体化发展，推进高校智力成果社会化发展转化的平台角色，承担高校后勤制度改革的试点任务，并利用高校资产进行资本运作。

从高校角度而言，高校成立资产经营公司的一大目的是实现高校经营性资产的专业化经营，因此高校资产的保值增值成为其考核体系的一大重要内容。二者是投资人与委托人的关系，高校将其经营性资产转划至资产经营公司名下，与其形成委托—代理关系，赋予其高校资产代表的地位，授予其代表高校对经营性资产进行处置经营的权利，并建立现代企业绩效考核制度对其经营状况进行监管。

从企业角度而言，对作为委托机构的高校资产经营公司而言，它自身是一个适应我国高校现代化治理改革的产物，是参与市场经营活动的企业法人。它接受高校的授权，并代表高校在其职权范围内代表高校行使出资人职责，通过股份制经营的方式从事经营活动，主导高校经营性资产的投资与运营。因此资产经营公司的设立具有两大目的：承担高校经营性资产的管理；执行高校对于经营性资产的发展战略，实现宏观目标与微观经营的结合。

高校资产经营公司主要任务是：对学校下属的经营性资产进行管理，并促使资产的安全运营与增值；推动高校科研成果的转化，促进高校企业项目的孵化培养，促使高校智力成果向社会化生产的转化；统筹管理，高效整合，实现高校科技成果的产业化发展。因此，高校资产经营改革的目的在于进一步推进扁平化管理，提高管理效率，利用公司企业法人的战略决策、财务控制和人力资源开发的三大优势，利用资产经营公司履行投资、经营、管理、监督的四大职责，将高校资产经营公司打造成为承担高校长远发展的战略性控股公司。

三 高校资产经营公司作用

建立现代公司制度，成立企业法人对国有资产进行管理具有积极作用：首先减少了行政干预；其次，形成现代委托—代理关系，实现宏观管理与自主经营的积极互动；最后，有利于引入专业化的经理人员，提高国有资产经营管理水平。该方式能够对我国国有资产管理中的政企不分问题进行突破，具有重要的借鉴意义。

（一）回避经营风险

高校资产经营公司建立现代化产权管理制度，能够突破政企不分难题，实现风险的隔离，避免对高校的其他非经营性职能产生冲击。高校资产经营体制改革的主要目标之一就是利用现代管理机制体现国家对资产的所有权。高校通过高校资产经营公司建立较为完善的所有权约束体系机制，同时也理顺了资产经营公司与其他下属子公司的所有权约束关系。参照现代企业治理理论与实践，高校资产经营公司应该设立完善的董事、监事机构。其下属子公司也应该进行现代公司制改革，并参与市场竞争。资产经营公司可以对下属子公司实行控股控制，并享有相应的控制权力；企业引入职业经理人从事管理活动，并配以现代企业激励制度，从而保证所有者利益的实现。

（二）提高国有资产经营灵活性

高校资产经营公司是新型国有投资主体，作为独立经营的企业法人，直接参与市场竞争，较之于较为僵化滞后的机关事业单位行政管理体制，其经营管理制度非常灵活高效，能够依照市场条件的变化实施最优投资决策，通过对高校资产进行灵活处理，实现其保值增值目标。同时高校资产经营公司又是高校战略发展的执行者，能够对高校经营性资产进行总体调控，保证高校和国有资产的发展壮大。

（三）促进国有资产保值增值

高校资产经营公司是高校经营性资产的经营主体，负责高校经营性国有资产的运营，实现其保值增值的目的。高校资产经营公司的设立实现了"两权分开"，建立现代委托—代理结构，高校作为资产所有人，可以专职履行教育科研职责，资产经营公司作为受托方，对高校资产进行专职管理。资产经营公司作为企业法人，其经营活动完全依照市场规律进行，能够最高效地使用国有经营性资产，通过重组整合的方式对高校资产进行优化配置，追求高校经营性资产最佳的经营效益。资产经营公司接受高校的委托进行经营性资产的管理，实现了宏观调控与企业自身经营的结合。因此，组建高校资产经营公司，要充分发挥国有资产结构优化配置的潜力，寻求资产经营公司运作的最有利条件。

高校作为非营利性机构，无法直接从事经营行为，只能通过建立现代委托—代理机制，通过建立委托授权机构作为高校代表，在授予的职权范围内代表高校行使资产经营管理权利，通过资产划拨的方式形成资产经营公司获得下属企业的所有权，并行使其相应权利。高校授予资产经营公司三项重大权利，即资产管理权、重大决策权、人事选择权，并明确相应职权范围。高校资产经营公司作为高校经营性资产管理运作的法人主体，可以通过资本运作等合法方式实现高校资产增值，不受高校行政干涉。

四　资产经营公司业务定位发展

（一）高校投资公司

资产经营公司占有学校经营性资产，其资产投资的范围涵盖高校科技创业项目的投资，从这个层面上看，高校资产经营公司是高校智力资源的投资公司，对高校的科研创业项目进行孵化投资也是其自身业务定位的一个重要方面。因此，高校资产经营公司应该具备类似于专业投资公司的投资理念与投资机制，充分利用股权投资的资产经营方式，按照投资生命周期的客观规律进行准确介入与有序退出，从而实现自身利益最大化。因此，资产经营公司的经营理念应该在管理基础之上，进一步强化投资经营的理念。

（二）高校科研成果转化平台

资产经营公司作为高校经营性资产的唯一经营者，构建高校科研成果转化平台是其必有之义，其自身也应该主动承担起这一个定位，促使高校科研成果的转化。为较好地形成这一个定位，公司应该加大对科研成果转化前景的可行性研究，转变自身单纯审批的管理职能，提供进一步服务功能；科学组织成果转化研发人才队伍，使成果所有者与产业化发展得以密切联系；做好对投资人的筛选工作，积极引入其他资本共同促进科研成果转化；构建专业高效的管理人才队伍；联合科技企业开展合作项目，共同打造科研成果转化平台；积极拓展企业融资渠道，为科研成果的转化提供资本支持。

（三）沟通高校学科发展与校办产业互动

一方面，高校开办的产业代表了社会化的生产，高校学科的发展则代表了高校科研事业的发展，产业发展需要智力支持，而科研发展则需要资本的推动，一些重要科技成果的转化往往与其所在学科的发展紧密相关。另一方面，科研成果转化为社会生产之后，仍然需要学科智力资源的引导，这就需要高校资产经营公司发挥自身的沟通桥梁作用。近几年来，许多高校校办企业已经形成了与高校学科良性互动的局面。资产经营公司可以充当中介作用，组织科技企业发出科研项目，委托学校进行科研，并由项目委托方支付研发费用。通过这样的分工合作，实现企业成本降低和学校科研实力提高的"双赢"局面。

（四）按照"法无禁止即可为"原则开展业务

资产经营公司除承担以上业务定位外，高校资产经营公司根据自身企业实力与市场发展的需求拓展自身业务，提高自身的盈利能力，为高校的发展提供更大的推动力。高校资产经营公司的经营范围可以根据高校所拥有的资源和自身的实际情况确定。

随着我国产业升级的推进，科技创新能力得到快速发展，我国政府也提出了"高校及其资产经营公司更应该适应和充分利用国家的创新机制，组织所投资的科技企业与学校联合承接国家和地方的创新项目，促进企业和学科的创新发展"。这种产业化发展与高校学科发展积极互动的模式，将在未来高校发展中产生更大影响，高校资产经营公司的中介作用也将在这种互动模式中凸显出其不可或缺性。因此，资产经营公司在新投资科技企业和在整合调整产业布局时，就应提早对此模式进行布局。

第五节　高校资产经营管理创新模式研究

高校资产经营管理不仅要满足对存量资产的经常性运营维护，还要对其潜在价值进行挖掘，通过将高校资产进行组合经营，获得额外的资本收入，通过实现高校资产增值，增强高校自身实力，为构建、产、学研一体化平台带来更大的依托资源。高校资产经营运作可以尝试将其提升为资本经济运行的最高效形式——资本运营方式，即将高校资产货币化，将高校整体作为资本经营的对象，将实物资产的内在价值转变为金融资本，以实现经济效益的最大化来推动高校的发展，实现高校资源的最优化配置。高校资产经营管理模式可从设立产业基金、开展资本证券化以及设立实体产业园区的方式实现高校资产经营管理的进一步创新。

一　设立产业基金方式

（一）基金相关概念

投资基金是一种利益共享、风险共担的集合投资方式，即通过发行基金单位，集中投资者的资金，由基金托管人托管，由基金管理人管理和运用资金，从事股票、债券、外汇和货币等金融工具投资，以获得投资收益和资本增值。投资基金在不同国家或地区称谓不同，美国称为"共同基金"，英国和中国香港地区称为"单位信托基金"，日本和中国台湾地区称为"证券投资信托基金"。

1. 基金种类

根据基金单位是否可增加或赎回，投资基金可分为开放式基金和封闭式基金。开放式基金是指基金设立后，投资者可以随时申购或赎回基金单位，是一种基金规模不固定的投资基金；封闭式基金是指基金规模在发行前已确定，在发行完毕后的规定期限内，基金规模固定不变的投资基金。

根据组织形态不同，投资基金可分为公司型投资基金和契约型投资基金。公司型投资基金是具有共同投资目标的投资者组成以营利为目的的股份制投资公司，并将资产投资于特定对象的投资基金；契约型投资基金也称信托型投资基金，是指基金发起人依据其与基金管理人、基金托管人订立的基金契约，发行基金单位而组建的投资基金。

根据投资风险与收益不同，投资基金可分为成长型投资基金、收入型投资基金和平衡型投资基金。成长型投资基金是指把追求资本的长期成长作为其投资目的的投资基金；收入型基金是指以能为投资者带来高水平的当期收入为目的的投资基金；平衡型投资基金是指以支付当期收入和追求资本的长期成长为目的的投资基金。

根据投资对象不同，投资基金可分为股票基金、债券基金、货币市场基金、期货基金、期权基金、指数基金和认股权证基金等。股票基金指以股票为投资对象的投资基金；债券基金是指以债券为投资对象的投资基金；货币市场基金指以国库券、大额银行可转让存单、商业票据、公司债券等货币市场短期有价证券为投资对象的投资基金；期货基金指以各类期货品种为主要投资对象的投资基金；期权基金是指以能分配股利的股票期权为投资对象的投资基金；指数基金指以某种证券市场的价格指数为投资对象的投资基金；认股权证基金是指以认股权证为投资对象的投资基金。

根据投资货币种类，投资基金可分为美元基金、日元基金和欧元基金等。美元基金是指投资于美元市场的投资基金；日元基金是指投资于日元市场的投资基金；欧元基金是指投资于欧元市场的投资基金。

此外，根据资本来源和运用地域不同，投资基金可分为国际基金、海外基金、国内基金、国家基金和区域基金等。国际基金是指资本来源于国内，并投资于国外市场的投资基金；海外基金也称离岸基金，是指资本来源于国外，并投资于国外市场的投资基金；国内基金是指资本来源于国内，并投资于国内市场的投资基金；国家基金是指资本来源于国外，并投资于某一特定国家的投资基金；区域基金是指投资于某个特定地区的投资基金。

2. 产业基金关系人及作用

基金由发起人、承销人、持有人、管理人和托管人五大角色构成，五个角色的共同作用构成基金运行整个过程。

（1）基金发起人。基金发起人即基金的设立方，其作用在于出资发起基金公司，并负责公司股票的发行等问题。

（2）基金承销人。基金承销人的作用在于将基金发起人设立的基金公司的股票进行推广与销售，通常由专业的券商、投行、信托、商业银行等机构充当。

（3）基金持有人。基金持有人即为基金公司股票的购买者，作为基金投资者，充当基金公司的股东角色。由他们所组成的股东大会是基金的所有权机构。掌握基金公司的最高权力，股东大会常设董事会，股东具有出席股东大会、表决和获得投资收益的权力。

（4）基金管理人。基金管理人负责基金的经营，被股东赋予基金管理权限。基金管理人由专业的投资人士进行经营，以保证基金管理的专业性。基金管理人实际上充当职业经理人的角色，他们负责基金的运作，不参与基金收益分配，其报酬通过管理费反映，其绩效通常与基金盈利水平挂钩。

（5）基金托管人。为了规避道德风险，基金资金实行人财分离，基金管理人不直接接触资金，基金的资金由第三方托管，基金运作采用专门账户。基金托管人负责基金的资金托管，保证资金安全，不参与收益分配，其报酬通过管理费用反映。通常由信托或者商业银行担任。

（二）高校产业基金运营路径

基金具有分散风险、费用较低、专业化管理、收益稳定以及容易获得资金等诸多优点，还能够拓展投资渠道，稳定金融市场秩序。基金通过收集富余资金，有专门的机构进行专业化投资操作，实际上是一个将存量资金转化为增量资金的过程，通过将存量资金加入到资本流通过程，实现财富的增值效应，并且由于其操作人员的高度专业化，使得基金能够实现较高的投资成功概率。因此，高校通过设立基金的方式可以充分利用现有高校富余资金，由点带面调动大量社会资金，通过资本运作实现财产收益，通过发起创业投资基金、高校科研转化基金等方式实现高校资源最大化利用，并能够极大推动高校产、学、研一体化平台的构建，实现高校自身发展与其他投资人的共赢。

1. 设立风险投资基金

产业投资基金是风险投资基金（VC 基金）的衍生分支，随着我国经济快速发展和国民财富迅速增加，私募基金市场规模不断扩大，本土 VC/PE 机构如深圳创新、鼎晖、弘毅等纷纷设立，一批国外著名股权投资机构如 IDG 基金、KKR、黑石、高盛、凯雷、红杉资本等也进入中国。根据清科集团旗下私募通统计，目前活跃于中国市场的 VC/PE 机构已由 1995 年的 10 家增至 2012 年的逾 6000 家。阿里巴巴、百度、腾讯等一大批著名企业及其他科技创新产业的发展很大程度都得益于创业投资基金，创业投资基金对产业发展的助力可见一斑。

我国高校产学研一体化发展方式的艰难构建以及成果转化率的

低下，很大程度是因为高校缺乏中试资金。中试阶段是联系科研成果与产业化的纽带，由于其自身具有的高耗费、高风险的特点，高校自身缺乏在完成实验室研究之后继续进行中试的能力，而企业由于风险规避原因，通常缺乏介入的动力，导致我国高校科研成果转化率难以提高。在西方国家，大量风险投资基金在中试阶段的介入使得高校实验室成果到社会产业化生产得到有效的链接。风险投资基金作为投资基金的一种，能够把社会富余资金整合成为具有较大体量的资本力量，同时风险投资基金自身具有较强的风控体系，这就决定了它们能够完成高校与企业能力边界之外的很多事情。而在这一个过程中，高校只需要做好自身科研能力的建设、保护好自身知识产权成果即可。因此，高校自身可以充分利用风险投资基金的力量，在自身资本允许的情况下设立相关的基金，并寻求与社会、政府相关基金的合作。

风险投资基金的投资标的，按照发展程度可以分为：（1）概念期投资，指的是向尚处于产品研发或者是商业概念设立过程中的项目进行的投资；（2）创业初始投资期，指的是产品研发完成但尚未盈利，需要进行市场扩展时期的项目投资；（3）创业发展投资，指的是产品具备一定市场地位，但需要进行品质提升、新品研发的项目投资；（4）前 IPO 阶段投资，指的是企业产品品质、新品研发方式以及行业影响力达到一定程度时，但还需要其他资本对其进行股本结构调整以满足上市条件的阶段的投资。通常而言，风险投资基金在越早的阶段介入，风险越大；相应的，项目成功后的收益就越高。较之于其他基金千万元级别乃至亿元级别的规模，风险投资基金的投资规模较小，通常在数万元到百万元之间。高校可以通过划转部分资产的方式利用风险投资基金进行资本运营，从而提升高校资产经营运作水平。

第一，发起风险投资基金，扶持科研项目投资。就概念期和初始投资期项目而言，其资金需求量较小，因此高校风险投资基金可以针对这两个阶段进行。对于一般科研项目，在概念期通常只需几万元到十几万元投资，在初始投资期的资金需求也通常只需要百万元左右规模。因此对于高校而言，每年从自身资产中划出 500 万元左右的资金，5 年形成一个 2000 万—3000 万元资产规模的风险投资基金，是较为可行的。概念期项目基金与初始投资期基金可以按照 1:1 的比例进行划分。以每个概念期项目投资规模 5 万元，运营期 1 年为例，期满退出并进入下一轮循环，每年可以扶持 100 个左右的概念期项目，5 年实现 500 个左右的项目，这些概念期项目中选择一批具备盈利潜力的项目进入创业初始期投资，以每个项目 100 万元，平均运营期按 2 年计算，同样适用周期性循环操作，每个运营期可以扶持 10 个左右的项目，5 年能够扶持 20 个左右的项目，以 50% 的成功概率计，5 年可能有 10 个左右的项目可以进入扩展器，平均每年 2 项。

对于进入下一个阶段的项目，高校风险投资基金可以寻求社会资本介入。介入有两种途径：其一为出售项目进行权益变现，其二为与社会资本合作经营。就出售项目进行股权变现的方式而言，由于高校自身风险投资项目具有较高的智力价值，估值上能够获得 1:4 的回报，及前期近 105 万元的投入，能够获得 400 万元左右的出售价格，10 个左右的项目可以获得 4000 万元左右的回报，盈利在 1000 万元左右，年利润率在 25% 左右。就与社会资本合作经营而言，继续推动项目向前 IPO 阶段发展，这个时期，学校投入项目成果、知识产权、部分资金，社会资本提供设备与大部分流动资本，对项目企业进行合作经营。项目发展期，应对股份进行合理划分。进入前 IPO 阶段后，由于股权结构的调整，会有其他资本的进入，高校持股比例可能会下降，但是，由于资本规模总体上的增大，高校的资本绝对值仍会上升。待项目企业上市之后，高校即可利用资本市场进行股权变现，从而实现收益。由于第二种方式对于资本的占用周期较长，其中承担的风险相对较大，但项目成功后的收益极高，因此高校发起的风险投资基金在渠道配置上应该以前者为主，后者则主要是集中在少量前景极好的项目之上。

第二，研究项目直接转让变现。高校作为社会智力研发的重要力量，在国家科研基金项目或者是企业委托项目中具有众多的知识产权项目，因此高校可以充分利用自身的知识产权资源，通过知识产权转让变现的方式将其出售给社会风险投资基金，从而实现资产增值。

上述方法的结合能够将高校资产进行充分运作，使高校的资产在资本运作过程中获得最大的经济效益。

2. 创立高校教育投资基金

基金按照风险偏好可以分为积极型投资基金与稳健型投资基金，投资工具种类繁多。风险投资基金具有高回报和高风险的特点，产业投资基金则属于稳健型基金，其面临的风险较低，其收益水平相对较低且较稳定。就高校而言，高校自身由于具有非营利性，因此其资产经营运作的风险偏好相对较低，因此可以采取稳健型产业投资基金作为资产运营实现方式。

该基金可以采用较长时间的封闭基金，采用公募与私募结合的方式。基金可由教育主管部门委托创建，由高校与政府进行合作运营。在基金封闭期内，高校在每年的盈利中按约定比例分配收益，由于高校教育投资基金的目的在于促进高校的发展，因此高校在收益分配中只能获取一定比例的收益，剩余的收益则应该保证其他投资人的权益。为了保证该基金对于其他投资者的吸引力，其收益水平应该高于无风险收益率，具体可以参照长期国债利率或者长期借款利率。因此，基金的收益分配必须进行科学而翔实的测算。

高校教育投资基金由于其风险小、收益较低特点，但它仍然能够充分调动高校资产经营效益，促进高校自身的发展。因此，高校资产经营运作究竟采用哪一种方法或者组合，则要依据具体的市场发展情况决定。

二 资产证券化方式

高校作为教育体系资源高地，每年大量资金均投入到高等教育领域，形成大量高校存量资产，包括固定资产和无形资产，这些资产成为高校运营活动的实物基础。但由于高校自身运作特征，这些资产每年均有较长时间的闲置时间，资产使用效率不高。高校存量资产具有很大的使用价值，因此，只要通过经营手段适当让渡其使用价值就可以获得一定的收益，并将资产的价值转化为资本。因此，盘活高校存量资产就可以采用经营手段开发其使用价值，借助存量资产辅以融资手段来开发其价值潜力，使存量资产在资本化运作中实现增值，在高校发展过程中发挥更大作用。

随着高校自身发展，单一依赖政府财政支持的融资渠道越来越难以支撑高校自身的资金需求，因此扩大融资渠道，降低融资成本成为高校进一步发展的必然选择。通过高校自身资产的经营运作创新来满足自身需求成为一个现实的需求。高校现有存量资产，包括土地、建筑物、每年固定的经营性或非经营性收入等大量优质资产，可以按照资产证券化的方式将这些资产的沉淀价值转化为新的融资途径。

（一）资产证券化含义

资产证券化是将资产转化为证券进行出售，从而提前将资产价值进行提前变现。由于资产证券化将资产转化为流动性很强的证券，因此就可以利用现代金融工具对现金流、原始资产的风险和收益进行分割重组，从而将风险与收益进行分配，提高金融市场的融资效率。

资产证券化按照发行的证券种类主要分为股权型与债权型两种模式。前者发行的证券为股票，后者发行的是债券。后者为比较典型的资产证券化模式。在该模式下，资产经营公司充当SPV的角色，由信托或者投资银行发行债券。在股权型模式下，则是资产经营公司将企业债权置换为投资人所有的企业股权，通过资本运营方式上市，通过股权交易变现实现投资者的收益。

（二）资产证券化意义

资产证券化绕过传统的金融中介机构，直接在资本市场将投资人与融资者联系起来，降低融资门槛，与传统的以银行贷款为中介的间接融资相比，能够给资本证券化过程中各个利益相关方带来更大利益。

首先，融资方的融资成本得到较大降低。资产证券化发行的证券依据融资方的良好资产衍生开发而来，具有较高的信用评价，在市场上具有较大的竞争力，一般情况下均能够溢价发行，并且支付的利息相对较低。资产证券化过程中所产生的费用较之于其他融资交易成本，其中介体系的手续费用占交易额的比重较低。资产证券化极大地提高了融资方资产的流动性，极大地提高了资产经营效率。

其次，就投资方而言，投资方能够获得一个风险相对较低而收益相对较高并且具有较好的流通性的投资产品。通常说，资产证券化的产品均能够比国家长期国债的利率高。以美国为例，美国长期国债的利率在6%—7%左右，资产证券化产品的年化收益可以达到10%左右。其较好的流通性也对投资者产生较大的吸引力。

再次，对投资银行、信用服务等机构而言，资产证券化也扩大了自身的营业收入。拓展了自身的经营范围，能够带来直接的经济收益流入。

最后，就国家层面而言，资产证券化很大程度上更加降低了企业的资金成本，使社会的资本得到充分的利用，能够更好提升经济发展效率，为国民经济持续健康发展做出更大的贡献。

（三）资产证券化参与者及运作程序

资产证券化过程涉及较多的参与者，主要角色为七个，共同构成整个资产证券化的过程。

（1）融资方，即需要通过资产证券化的方式提前实现资产价值，从而实现融资需求的人。

（2）发起方，即创造并负责销售和服务资产证券化证券人，通常为金融机构，或者是融资方。主要充当中介机构的职责，包括为融资方提供信贷资金，为资产证券化证券的购买人支付投资收益，偿付本金，提供债务追索的服务，并负责信息披露。

（3）特殊目的公司，即SPV（Special Purpose Vehicle，SPV），主要职责在于从发起方处购买资产证券化证券，并进行包装、分割、组合，并将其投入资本市场出售。

（4）信用评级机构，通过对资产证券化证券进行信用评价分级，为投资者投资决策提供依据。

（5）信用提升机构，通过一定的措施提升资产证券化证券的信用评价。

（6）承销方，主要为投资银行，其职责在于负责证券的定价和销售，并对证券销售进行组织与策划，保证其合规合法性。

（7）投资方，资本市场上购买资产证券化证券的人，享有获得本金与投资收益的权力。

资产证券化运作程序可以分为六大步骤：

（1）选取标的。根据资产证券化要求，选定相应资产，形成证券化资产基础。发起人根据融资需求，确定资产证券化的相应目标，并对自身所有的能够在产生收益的资产进行清理评估，并确定最终的资产证券化标的，形成资产池。基于一般投资原则，在选取标的之时，要保证标的资产所产生的收益能够覆盖未来证券化之后所承担的本息偿付压力。

（2）选取中介机构。通过构建 SPV 机构，发起人与将标的资产向 SPV 机构进行销售，保证发起方出现破产清算的状况时，能够保证支撑相应的证券的标的资产不被清算，实现风险的回避。SPV 机构的经营范围只能是证券化业务，通过资产证券化的过程中的收益分配体现其报酬。

（3）确定交易流程。以 SPV 机构为核心，同相关的利益关系人完成标的资产服务约定、资金托管约定、资金周转约定以及销售的相关约定，最后进行信用评级工作。

（4）产品设计与信用评级。选取的证券形式通常为抵押担保证券与资产担保证券，即 MBS 与 ABS。为了提高投资者吸引力，证券的产品设计必须具有较高针对性，同时提升信用评级。提升信用评级通常会采用三种方式：第一种方式是通过将标的资产向 SPV 进行销售，转移发起人的资产所有权，从而实现标的资产与发起人经营风险的隔离，即"破产隔离"；第二种方式将证券按照信用评价与潜在风险进行层次划分，形成优先、次级等不同层级证券的产品系列，满足投资者的不同需求；第三种方式是引入第三方担保，由第三方担保公司担保违约偿付负责。

（5）产品销售。完成信用评价后，承销商依照约定，通过私募或者公开发售方式在资本市场销售证券。完成销售之后，SPV从承销方获取销售收入，在扣除约定的收入后，将剩余收入交给发起方，完成发起方融资目的。

（6）产品运营与清算。发起方实现约定资产管理机构，包括资金托管与日常运转。资金托管机构开设专门账户负责支持SPV履行还本付息职责所需的现金流，当证券到期后支付相关利益方的各项费用，当完成本息偿付与费用支出后，若有剩余则将其划入发起方收益，完成清算。

（四）高校资产证券化模式

资产证券化的一大前提条件为：在可以预期的时间内产生稳定的现金流入。因此标的资产应该首先选择优质资产。在我国，资产证券化产品已经大规模开展，市场投资者对此类产品已经形成较为理性的消费习惯，因此必须以优质资产带来的较高收益来吸引投资者的消费信心。标的资产为优质资产，在出售时必然会产生资产溢价，可以实现国有资产的增值，政治风险也相对较小，同时优质资产的未来现金流入稳定性较高，收益的测量可行性高，证券定价难度低。

随着我国高校改革的推进，高校学生的每年学费支出逐步提高，为高校形成较为稳定的现金流入，2015年，我国大部分高校学费年支出在5000—10000元范围，每年能够为高校提供数千万元乃至数亿元的现金流入。当前我国高校发展的资金需求仍然很大程度依赖于财政拨款，收取的学生学杂费虽然能够覆盖部分高校运营支出，但是总体而言作用较小，若将高校收取的学生学杂费与高校的存量资产结合进行资产证券化运作，则可以在较短的时间内获取大量高校发展资金，既能够充分提高高校资产运营的效率，又能够为高校自身发展提供助力。考虑我国高校资产的安全状况以及国外实践经验，资产证券化方式应该选择债权型方式进行。具体操作步骤如下：

（1）建立高校资产证券化标的资产。高校可以将自身的优质存量资产如各项不动产等作为抵押，将其价值转化为货币形式，向银行发起信贷融资，而资产证券化的标的资产就是这一笔融资贷款。

（2）设立 SPV 机构。可以联合其他高校或者是政府主管部门共同组成 SPV 机构。SPV 机构的设立可视情况而定，若高校自身实力雄厚，可以独立成立 SPV 机构，作为高校下设经营机构；若为了分担风险，扩大规模，可以联合设立，形成多方共同委托的局面。SPV 机构成立后委托专业信托机构对标的资产进行证券化操作，又该信托向银行购买标的资产的抵押债权，同时高校变更抵押合同，将抵押的优质资产转划到 SPV 名下，完成资产的交割，达到"破产隔离"。SPV 根据标的资产发行证券，抵押的优质资产则成为资产池，未来的稳定现金流入则是高校依赖优质资产使用所收取的各项费用（如学生学杂费）。资产证券化操作的现金流均由信托机构专户管理。

（3）高校资产证券化产品设计与信用评级。高校资产证券化应采用债权型，因此其产品应该以 SPV 债券形式出现。该债券可以根据高校的自身特色设计成每年一次付息，到期一次还本形式，证券期限可以设置较长时间，如 10 年等。由于高校自身资产有国家以及高校自身的信用作为担保，并通过破产隔离的方式进行风险回避，因此能够获得较高的信用评级，若仍有不足则可引入第三方担保，比如引入中国的大型保险公司等，提升其信用度。

（4）高校资产证券化产品销售。完成正式的发行信用评级并进行信息披露之后，SPV 选择一家大型券商负责证券承销业务，或者联合多家券商机构同时销售，销售方式应以包销进行，以保护高校的利益。发行收入用于归还信托机构购买标的资产的垫款。相应的证券则在资本市场进行流通。

（5）高校资产证券化产品运营与清算服务。受委托信托机构负责资产池的日常运营，并按照证券合约向投资方还本付息。若当期存在账户余额，则高校可以将其提取为日常运行的费用。高校每年所获得的学杂费用收入可以覆盖当期本息，所以高校可以利用资产池来实现资产证券化运作与促进高校自身发展的双重目的。当证券到期后，投资者的本息完成偿付，相应的债权债务关系也随之解除，信托机构的专项账户中的余额划归高校，SPV 机构随之解散，资产证券化完成清算。

三 设立实体产业园区方式

高校存量资产中有大量土地、建筑物等资产，同时高校作为社会智力资源的高地，盘活高校资产，实现高校资产经营运作的高效率可以通过设立实体产业园的方式进行。

高校从自身资产中提取一部分创办产业园，通过搭建产业平台，构建企业孵化器，让企业进入园区，成为园区发展支柱力量，形成产业价值创造的重要基地，搭建产学研一体化发展平台，提高要素转化为生产力的转化率，实现高校资源的优化配置。在这一过程中高校自身也能够分享产业园区日常运营获得的经济收入，也可以在产业园区产业发展带来的巨大经济效益中得到巨额增值，从而实现高校资产的高效率、高质量经营。

（一）我国现行产业园区管理模式

产业园区作为我国推进经济发展的重要基地，在不同的地方形成了不同的管理模式。现行的管理模式主要有政府主导形式、企业主导形式和混合形式三种类型。

1. 政府主导型产业园区管理形式

政府主导型是指产业园区具有很强的行政色彩，产业园区的资源投入和建设规划由政府主导，产业园区形成之后也依照政府管理模式实施行政色彩浓厚的管理体制。该形式细分为横向协调型和集中管理型。

横向协调型产业园是由产业园所在地政府负责园区建设与管理。政府在园区设置园区管委会，成员由相应行业的主管部门人员组成，园区内企业的管理由该行业行政主管部门管理，管委会履行部门协调的责任，没有产业园区的日常管理权限。管委会可视为政府职能部门的派出机构，具有较为浓厚的行政色彩。

集中管理型是由当地政府在产业园内设立管委会，管委会全权负责产业园区建设发展以及履行园区日常运营管理职能。管委会在园区内部具有行政权力，享受当地城市各级管理部门权限，同时接受主管部门的指导，体现服务型政府的管理特点，管理效率得到很大提高。

政府主导型产业园区具有浓重的行政色彩，能够较好地解决园区基本的行政事务，但对于产业经济发展问题的解决能力不足。

2. 企业主导型产业园区管理形式

企业主导型产业园区管理模式下，企业负责产业园区的开发与管理。该模式下，当地政府不在产业园区中设立派驻机构，产业园区的管理由政府成立的开发公司作为法人主体，负责园区的日常管理，协调政府与园区的事务性工作。产业园区实行承包经营，开发公司负责园区开发建设、项目招投标、企业的管理等，而园区设计的行政事务则依靠政府职能部门解决。该模式下政企不分的问题得以解决，管理职权清晰，管理效率较高。

3. 混合型产业园区管理形式

当前情况下，混合模式是较为常见的管理模式。混合型产业园区管理形式结合了政府主导型与企业主导型的优点，即政府既在产业园区设立管委会，又设立开发公司。在产业园中，管委会负责行政事务，开发公司则负责经济运营事务。二者是平级的关系，也有开发公司隶属于管委会的关系。

（二）高校产业园区管理运营模式

在现行的园区管理模式下，按照"简政放权"构建服务型政府的改革趋势，未来产业园区的管理模式将逐步转变为企业化的方向，不断释放自由市场活力，政府将逐步转化为公共服务提供者的角色。因此，高校产业园区的管理建设可以按照混合型产业园区管理模式进行构建。

1. 高校产业园区管理模式

高校产业园区受制于高校自身的资源限制，其规模必然较小，因此采用混合型园区管理模式可以充分利用其职权明确、经营灵活的特点，实现高校产业园区的高效管理。

高校产业园区管理可以设立园区管理委员会，负责协调学校、政府、园区企业之间的行政事务。园区管委会成员结构为专职人员搭配兼职人员的形式。园区管理委员会可以利用高校校委会与高校后勤管理集团的平台，从中选出部分人员兼任园区管委会委员的职责，以方便产业园区管理事务与高校自身管理体系的资源互补。园区管委会领导成员由高校领导成员担任，并指定人员进行专职分管，同时搭配部分专职人员负责园区日常管理工作。

高校资产经营公司可以直接担任或者设立子公司园区担任投资开发公司角色，履行园区发展规划、招投标、组织经济活动、企业事务管理等职能。高校资产经营公司可以直接入驻产业园，将产业园区作为高校经营性资产运营的中心。

高校园区管委会和高校资产经营公司是平级关系，共同归口高校校委会管理，在园区管理中各司其职，共同促进产业园区发展。

2. 产业园区运营模式

产业园区的运营是实现高校资产增值的关键所在，高校可以采用多种运营方式获取经济收入。当前高校产业园区运营可以从投资服务运作、土地增值运作以及产业运作三个方式进行。

（1）投资服务运作方式。该模式下，产业园管理方一方面通过园区建设等方式作为合作资产，依靠项目孵化，培养企业成长方式，在企业发展到一定水平后通过引入外部投资介入或者企业上市实现投资收益的变现，另一方面是依靠固定资产租赁、提供园区的人员招聘、信息服务等环境建设与公共服务收取一定的费用而拓展资产增值渠道。该运作模式下，产业园对周边区域经济的辐射能力将大大增强，在这一个过程中，高校与企业的合作得到强化，也为高校提供稳定的额外收入来源。

（2）土地增值运作方式。随着我国城市化进程的快速推进，土地资源的稀缺性快速放大，土地资产溢价快速增加，土地增值收益远远超过许多行业的行业利润。对于高校而言，其资产结构中有很大一部分为土地资产，可以通过规划变更、土地性质变更等方式，或者其他途径合法获取国有出让土地，在建设产业园区之后可以对地块进行一级开发，提升地块的价值，然后进行房地产开发或地块转让，从而实现土地资产的变现。这种运作方式可以让高校在较短的时间内获得巨大的投资收益，同时也为高校产业园区的后续发展积累大量的资本。值得注意的是，该种运营方式下，高校土地资源的开发必须处理好划拨土地与出让土地的关系，避免违规经营行为。

（3）产业运作方式。部分高校区位较好，其自身产业园区所在地处于区域产业链辐射范围之内，能够充分享受到周边区域便利的产业配套。在此情况下，高校产业园的建设与产业园内企业的经济活动就可以利用"规模经济"效应与经济外部性的优势，降低运营成本，提升产业园的整体盈利能力，从而实现高校资产增值。

第五章 英国帝国理工学院资产经营模式与借鉴

第一节 帝国理工学院

帝国理工学院（Imperial College，以下简称帝国理工）成立于1907年，位于英国伦敦，是英国罗素大学集团成员、金砖五校之一、欧洲 IDEA 联盟成员，是一所享誉全球的世界顶尖高等学府，在 2015 年 QS 世界大学排名中名列英国第四、世界第八（泰晤士高等教育副刊 2015 年世界排名为英国第三）。2014 年 QS 全球大学排名显示，帝国理工总评分略低于美国麻省理工，排名第二，其工程和信息技术在世界排名第六位（欧洲第二），医学在世界排名第九，科学在世界排名第十一，金融专业在世界排名第十三位，商学院排名在欧洲名列前茅。学校管理学硕士项目在 2014 年 Financial Times 全球管理学硕士排名第十九位。帝国理工学院与剑桥大学、牛津大学、伦敦政治经济学院、伦敦大学学院一并称为"G5 超级精英大学"，其研究水平被公认为英国大学三甲之列，并以工程、医科、商学著名。英国教育界素有"三足鼎立"之说法，即文科牛津，理科剑桥，而工程当属帝国理工学院。

帝国理工学院是一所开放式大学，由众多分散的校区组成，目前帝国理工下设四个学院，即自然科学、工学、医学和商学院。但大部分院系还是在南肯辛顿校区，位于英国伦敦久负盛名的海德公园南边和皇家阿尔伯特大教堂旁。帝国理工提供本科和研究生教育，除了四个学院之外，还有人文系，提供选修的政治、经济、历史、艺术和语言课程。帝国理工通常被认为是英国最严格的大学，它授予一等学位的比例和每年的淘汰率都十分引人注目。帝国理工拥有大约 2800 名研究人员，其中 53 名为皇家学会会员，57 名为皇家工程学院院士，帝国理工成员中有 14 个诺贝尔奖和 2 个费尔兹奖得主。

帝国理工除了尖端的理工科之外，还有一个特色是商学院，教学与研究水平一流，在整个英国乃至世界上都很有名望。以研究为先导的商学院，为社会上的公私企业培养了无数优秀的管理人才，并且一直与国内外的知名企业、机构保持良好的工作联系，研究所取得的成绩与在教学中发挥的作用被世界认可。商学院的大多数教师都担任大型社团、投资银行、公司、国营企业等顾问，可以给学生传授非常实用的商学知识。商学院的这些特色与声誉在理工科系研究的成果转化中起到独特的桥梁与咨询作用。

英国高校战略定位和办学使命因层次和类型的不同而各不相同。帝国理工新一轮规划将其使命确立为追求卓越、不断创新，成为世界领先的高校。长期以来，帝国理工保持世界一流的核心学科，鼓励多学科研究，汇集来自不同学科的专家解决全球性挑战，这为帝国理工创新和成果转化提供核心基础，也是学校资产经营的资源和保障。

第二节　帝国理工学院资产经营组织及运作模式

帝国理工是一所研究型大学，其目标是通过科学研究创世界一流，而事实上某些学科已经达到这一目标。研究主要线路可以总结为"三部曲"，首先是以挑战为导向的研究，其次是以专家为基础的咨询业务，以帝国咨询公司（以下简称帝国咨询）为代表，最后是技术转化、孵化器与投资，以帝国创新公司为代表。帝国理工的核心关键词是创新，无论是人才培养、科学研究，还是社会服务都是以创新为主题。创新始于关于未来的故事，帝国理工大学关注探索未来的焦点是提倡预见项目（foresight practice），商业领袖、科学研究者们均聚焦于预见项目，商业领袖关心的是全球领先的实验室中发现可能带来的技术创新，帝国理工的科学家、工程师和医生则探索未来行业发展方向，瞄准世界前沿学科开展研究。帝国理工除了建立预见项目、帝国商业合作者组织（IBP）、创新集团之外，还研究创业生态系统，设计商业理念、商业模型、商业计划、商业孵化器和商业实践等步骤，研究从创业教育、研究企业，到商业网络、商业管理、商业设施、商业财务等构成的创业流程和系统，该系统也为科技创新及其转化提供平台。

英国研究型大学特别注重"产学研"模式，以技术转移中心或咨询公司为载体，帝国理工更加注重把学校教师所取得的科研成果转化。英国技术转移的中介机构在科学研究活动和技术创新过程中发挥着十分重要的作用，从政府的公共服务和企业的个体活动层面促进技术、市场和资本的有机联系，在技术创新链的各个环节均以服务连接转化，促进知识的转移和成果的转化。政府积极推动多元化的产学研合作政策方案，建立产业界及学术界之间交流渠道，鼓励大学成为地方经济发展的动力。政府的推动、市场的需求和大学内在的需要，使大学与产业的关系越来越密切。产学研合作的机制使得科研为教学、为就业服务成为必然趋势。学术界相应地成立新的组织机构来充分应对产业合作。突出表现为：（1）大学建立技术转移机构专门着力经营知识产权；（2）加强大学与地方经济的联系；（3）建立大学科学技术孵化器；（4）创办大学衍生公司、创立大学科技园。牛津大学的衍生公司如 Oxford Asymmetry、Oxford Molecular 等拥有超过 10 亿英镑的资产，直接创造 3000 多个工作岗位。帝国理工更是创办了两家大学公司（IMPEL 和 ICON）处理技术许可、咨询和合同研究，实现产业对科研的反哺。近十年来，帝国理工的研究经费与合同收入稳步增长，占学校总收入的四五成。2012—2013 财年仅优势学科工学院的科研收入就达到 9.2 亿英镑，近 6 年保持年均 14% 的增幅。

一　帝国创新集团

帝国创新集团成立于 1986 年，原是帝国理工大学的技术转化办公室，由学校注资成立。随着集团融资成本的不断增加，帝国理工所占股份下调至 20%，学校只是按照公司章程派遣两名董事参与公司管理，放手公司按市场化的方式运作、公司化方式管理。2006 年帝国创新集团在伦敦上市。帝国理工是帝国创新的一大股东，签订技术输送合同，独家代表帝国理工经营知识产权。知识产权政策可用来回馈帝国理工，预计到 2020 年，帝国创新对帝国理工的无抵押知识产权有独家经营权，帝国理工可在未来研究经费出资合同中抵押知识产权，拥有 50% 的投资收益和专利授权使用的收入。关于知识产权政策，英国法规明确规定：帝国理工大学（而不是学生）拥有员工的知识产权。此外，帝国理工颁布了奖励发明者的政策：拥有初创公司 50% 资产，拥有 50% 专利授权收入。为了推动这些科技成果转化，成立帝国创新公司，负责将合作研究得出科研结论再进行成果商业化，即初始公司的孵化器，因此研发成果转化率高。可以说，帝国创新既是学校产学研结合体，又是学校与企业联合的窗口。目前帝国创新拥有 550 项专利，155 家初创公司，10 亿英镑为投资组合中的公司融资，176 家经营的专利授权，3.46 亿英镑为用来投资的融资，1.983 亿英镑为投入投资组合的资本，还包含多于 100 个资助的已在概念上证实的项目。公司现已成为帝国理工知识产权保护、技术孵化、技术转让的关键平台，也是学校创收、科研经费筹措的重要载体。

帝国创新由行业赞助的研究经费在英国排名第一或第二，在全球排名第十七位，是全球前十目标大学。帝国创新建立的帝国商业合作者组织（IBP）为商业领袖和领先科技提供见解，一些公司对科研、创新和人才提供有浓厚兴趣，他们的董事级经营者加入 IBP。在这个组织中，能够跨行业分享企业对科研创新中的挑战和收益的认识，拓宽和加深帝国创新同企业合作者的联系，对世界级科研人员、商业领袖和政治决策者开放。帝国创新为帝国理工提供技术转化服务，包含知识产权保护与经营、科技商业化、技术专利授权使用、创立初创公司和孵化企业。

帝国创新的运作模式是一个已经证实的商业模式。（1）在科研阶段：一是为帝国理工提供技术转化服务，帮助建立商业知识产权出租，接触最优秀的科研团队，包括剑桥大学、牛津大学、伦敦大学国王学院等大学的科研团队；二是靠近先进科研机构：剑桥巴布拉罕研究所、CRI等。（2）在孵化阶段：一是在"金色三角"范围内投资或者建立初创公司；二是确定投资；三是招聘经理人。（3）产值：提供专业知识支持投资组合中的公司，以确保持续的融资，为投资组合中的公司吸引联合投资人，并且投资不受资本推出时间表影响。

帝国创新的投资来自学术领先，运营来自"金色三角三大学"（牛津、剑桥、帝国理工）的知识产权，2006年上市以来，吸引了超过34600万英镑投资，产生了100多个初创公司，投资组合吸引了92680万英镑风险投资，未上市的投资组合价值16860万英镑，16780万英镑现金可用于投资，包括欧洲投资银行的贷款。

帝国创新的孵化器功能，无论是帝国理工的帝国创新公司还是牛津大学的ISIS创新公司（大学持有相应比例股份），均是独立于大学之外的公司，负责孵化科技成果，通过公司运作方式进行成果商业化，避免高校大学或教授（成果持有人）直接办公司的弊端，保证大学科学研究的精力和商业化的成功率。

总体来看，通过帝国创新的运行效果看，主要得益于帝国理工科技成果转化，而知识转化的成功之处又在于六个方面：企业对学术研究的积极性、来自企业的资金、学术运作自由、同行间彼此友善而具备很好的人脉关系、有学生参与，以及运用知识产权进行商业化。最重要的思路是，大学的知识变成资本，在帝国理工展现得淋漓尽致。英国许多高校都有专门负责把学校科研成果商业化的公司，帝国理工建立的"帝国创新"是第一个在伦敦证券交易所上市的此类公司。帝国理工郭毅教授认为，"我们所有教授的知识产权，都在伦敦证券市场接受检验，如果知识产权对社会有用，我们就有资金马上把它转化为生产力，这是从来没有别的学校做过的。"郭毅教授从事计算机研究，曾开发出一套用于生命科学的软件，就是在"帝国创新"帮助下成立了一个派生公司，现在已经发展成为这个专门领域内全球领先的公司。他指出，帝国理工支持这样的科技成果转化行为是因为一方面学校拥有股份，从财务上希望公司成功；另一方面，学者和产业界联系紧密也对学校科研有好处。研究人员必须遵守和学校的合同，不能因为办公司而影响正常的研究和教学。这样的科技成果转化实际上可以带来三重经济效益：一是繁荣国家和社会的经济活动；二是由于帝国理工拥有公司股权，可以增强学校的经济实力；三是科研人员个人也能够享受研究成果带来的经济回报。帝国理工原校长凯斯·奥尼斯（Keith O'Nions）就此表示，把新发现和新知识商业化，产生经济效益，是激励科研人员进行创新的重要动力。

二　帝国咨询公司

帝国咨询属于英国领先的学术咨询服务、拥有 500 多名帝国员工、年营业额 1500 万英镑，是帝国理工全资的附属公司。公司在提供专家咨询的基础上通常是一个互利活动，为研究人员和组织需要帮助，如研究人员可以就如何提高公司的竞争力提供建议，如何开发一个新产品或有助于改善公共服务的效率和质量，如何在适当的领域利用他们的经验和专业知识等。这就是帝国咨询通过复杂的商业任务、相关的咨询促进和协助客户解决问题，以使大学研究人员能够直接影响与他们研究相关的社会和行业。

帝国咨询由帝国理工投资，全部归帝国理工学院所有，是英国领先的、由大学所有的最大的咨询公司。公司认为，开展咨询工作"是高校为知识经济和社会做贡献的一个重要机制"，主要是为顾客提供问题解决方案，而不是出于好奇而做研究，公司以灵活高效方式定义重要问题，提出并验证解决方案。

对于企业来说，通过向科研人员咨询以了解科研人员现有的科技成果，并确定是否同他合作，进行更大的科研项目。也就是说，企业在投入资金之前，需要知道技术人员有什么技术。对于科研人员来说，通过咨询工作能使他们拥有更多的合作机会，有更多的成果发表，以及赢得国内和国际上更多科研资金的机会。同时，通过咨询，使科研人员与行业进行深度合作，从而使科研人员获得行业经验。

关于帝国咨询的运作模式，公司首先确立职责，包括通过提供各种商业机制帮助学院；通过提供与学术任务相符的专家咨询服务，借此增加效益；通过协助客户获得帝国理工的世界领先的专家意见和资源满足客户解决问题和创新的需求；帮助咨询人员谈判有关商业条款内容，保护咨询人员利益。在咨询公司的帮助下，帝国理工的教师做了许多重要的科研成果转化工作，比如，为世界卫生组织调查防止医疗感染的方法，这对世界医疗事业的发展做出了重要贡献；为 Tough Stuff 公司测试太阳能照明的持久性，以解决全球有 10 亿人没有电灯照明，为落后的第三世界国家提供这项电灯照明研究服务；为重新设计位于伦敦的千年桥提供建议；为英国国家粮食局开发工具测量生物燃料生产过程中排放的温室气体，等等。

帝国咨询通过运作证实，咨询工作可以增进科研合作，也可以提高技术转化的效率。教师有了好的科研成果，要得出迅速而实际的结果和回报，就需要向咨询公司进行咨询，找到最合适的买家或合作机构。所以，通过咨询而进行技术转化，能够拓展教师的科研，加强与他人的合作，转化教师的科研成果，扩大教师的影响力甚至国际声望。

第三节　帝国理工资学院产经营有效运作主要措施

帝国创新与帝国咨询只是帝国理工资产经营的载体，主要核心就是创新，但认识到这些创新如何而来也是帝国创新与帝国咨询公司成功的重要资源。从帝国理工的办学理念可知，创新的思路是形成创新集群，其中最重要的是思想价值，主要依靠四大学院，分别围绕健康、工程、科技和大数据形成核心圈，同时在外围形成以研究机构、人才、技术商业、企业家、风险投资、出资人、政府与大学融为一体的要素。无论如何，核心竞争力也好，外围综合要素也好，研究型大学的科技成果转化是资产经营的第一步，没有科技成果，就无从谈论科技成果转化，没有科技成果转化，帝国咨询、帝国创新就没有运作的基础。因此，促进科技成果及其转化是资产经营的源泉。

科技转化活动是帝国理工的使命。帝国理工关注于科学、工学、医学、商学领域的世界级学识、教育和研究，特别注重在工业、商业和卫生领域的运用。通过把科技转化为知识来扩大科技的影响力，以及更好地整合和利用资源形成一个高效组织。可见，知识转化在帝国理工综合框架中的地位非常重要，是联系着学校和企业的一个重要纽带。自然科学、工学、医学和商学院通过研究与教学战略以及与企业进行合作来实现知识的价值转化，这些企业包括很多国内外企业，尤其是帝国咨询公司与帝国创新集团。

一　帝国理工知识转化机制

世界范围内的大学都将知识转化作为学校的使命之一，无不与业界（商业、企业、行业）发展并保持密切联系，推进产学研深度融合，使科研与经济社会需求紧密结合，让科技创新转变为推动经济发展的动力，同时促进学生的创新、创业能力培养。帝国理工建立了各具特色的技术转化模式，具有全球的示范性。帝国理工建立了多维度的知识转化机制，在研究、教学和企业中都融入知识转化。帝国理工坚持寻求学术兴趣和商业需求间的共鸣，认为只有找到学术和商业之间的共同点，企业和学院才能实现双赢。

（一）建立校内转化培育机制

在科学研究中，通过各类基金帮助大学研究成果应用于现实社会，帮助跨学科研究和外延活动，弥补研究成果与应用之间的鸿沟，支持小规模知识转化和商业化项目，资助学科与商业团体的互动。具体包括以下几个方面：（1）EPSRC 基金帮助大学研究应用于现实社会；（2）Wellcome Trust 组织策略支持基金帮助跨学科研究和外延活动；（3）MRC 先行基金旨在弥补研究成果和应用之间的鸿沟；（4）BBSRC 基金支持小规模知识转化和商业化项目；（5）NERC 基金加强 NERC 资助学科与商业化团体的互动。

在教学中融入知识转化。具体途径有：（1）为工学和医学本科生提供商业、管理、创新和实习项目；（2）帮助硕士生理解创新与企业家精神；（3）创新、创业和设计项目使 MBA、科学与工学学生走到一起创立新企业；（4）创业文化鼓励新一代校友企业家出现。

在企业家融入知识转化。具体表现在：（1）学术人员认同经济与社会影响力的优势；（2）学术人员在教学之外提供专业意见；（3）发明奖项激励学术人员发展新产品和服务。

进行国际化的知识转化。具体表现在：（1）与新加坡国立大学培养新一代医疗从业者；（2）与卡塔尔基金合作研究生活方式，环境和基因怎样影响当地医疗卫生；（3）与阿布扎比的穆巴达拉发展公司合作研究糖尿病防治和治理；（4）与欧洲 EIT 气候及 ICT & KIC 公司进行跨学术、政府与行业间的合作。

（二）重视成果转化，建立有效转化机制

帝国理工十分重视加强与业界的联系，实行深度的产学研合作，通过公司采用市场化运作，实现知识产权商业化，建立有效的技术转化机制。帝国理工在工科和医学方面颇具盛名，该校科研和科技开发在英国高校中特色鲜明，专门设置一名副校长负责科技开发工作，理念是大学既要承担基础研究也要重视科技成果转化。为此，该校成立企业合作关系部，为企业开展前沿主导研究、针对企业的专业知识咨询及科技成果转移培养与投资等，通过提供关系管理、支持重大研究和了解行业需求，提高帝国理工在企业研究中的收入份额。为实现该部门关于"在学术兴趣与商业需求间寻求共鸣"的目标，企业合作关系部在研究的项目与企业关心的项目间进行比对，发现有方向一致或相近的项目积极与企业接触，按照"80%的时间运用在帮助为学者和研究组织的研究项目筹集行业资金，20%的时间运用在吸引行业提供出资研究的机会"展开活动，值得国内高校借鉴。

二　帝国理工创新的科研组织机制和科研支持体系

帝国理工建立创新的科研组织机制，保证其科研使命的实现。帝国理工在全球范围内选聘优秀的教学科研人员，支持他们成长，同时严格考核他们的业绩。人才的选聘由四个大学院负责，学院现有优秀人才的杰出表现让帝国理工大学成为优秀人才最想来的地方。帝国理工希望雇用想要成为全球顶级人员的员工。选聘人员时精挑细选，把成果发表情况作为首要条件，确保其领先性；对人才的教学能力和水平也有较高的要求，对于科研出色但教学不好的人员不会聘用。对于起步阶段的研究者，采取配备学术导师、帮助其科研项目申请、提供启动资金、新建实验室或购买需要的设备、优先招收博士研究生、减少教学负担、院系奖学金优先支持新晋升研究人员等措施予以支持。同时，非常重视对教师的教学和科研考核，其中教学考核主要看学生的评价，被评价低的教师不会得到晋升；对教师科研的评估则由相应的委员会进行，但这种评估是对科系的评估，例如电子工程方面教师科研由 22 个来自 UK 不同高校的人员组成评估委员会进行评估。此外，帝国理工不实行终身教职，不保证有人终生在此工作，可以开除任何一个不好好工作的人。帝国理工特别注重培养科研人才的使命感，要求科研人员站在全球的视角开展研究，促使科研人员全身心地投入研究中。

帝国理工有完善的科研支持体系，为教学科研人员的项目申请、经费使用、项目实施和成果管理提供周到的服务和有效的管理，给研究人员以行政支持。帝国理工的科研支持体系分为三个层级：科系、学院和学校，都有科研服务团队。科系负责为学术和科研人员提供第一线服务，其科研服务规模视科系的规模与项目资源而定，有的科系设有科研运营经理。科系主要负责制定经费申请书的初始阶段，并进行常规的财务管理。学院都有自己的科研服务团队，目前全校有学院级科研服务人员 65 人。学院科研服务团队实行全程运营服务，覆盖科研项目整个生命周期，在经费到位前和到位后都有相应的专业化服务。学校设有科研办公室，是学校高级别的、全校性的科研服务与管理机构，分运营与保证、系统与信息、欧洲、合同和知识产权五个部门，目前有员工27人。科研办公室所起的作用是为由校外资金支持的研究项目组合提供专家指导和建议；实现全校科研行政工作的连贯性，确保实现机构治理的权责一致；负责发展和维护学校支持科研管理工作的IT系统；成为帝国理工的核心需求与行业需求之间的对接平台。

学校有50个科系。科研办公室主要对科研人员本身提供支持，主要是减轻科研人员负担。科研人员进行调查、制定经费的范围和主要经费申请都由行政人员负责。在经费到位之前，科研办公室会提出建议，制定规则，告诉科研人员资金提供者的要求，并安排同行评审，而且还要与学院进行沟通。此外，科研办公室还需要将科研人员在学科之间进行整合，并可能联系慈善机构来提供资金。在经费到位之后，科研办公室则提供管理，主要是向争取到科研课题的科研人员宣传学校和学院的政策，从开始申报到结束都要负责管理。

科研办公室总共有三个服务团队：第一个直接向每个学院的主管汇报；第二个行使专业职能，向学校中央办公室汇报；第三个代表学校接受经费，在经费到达之前，提供专业成本计算与定价意见，评估出资方提出的条件并进行谈判，并帮助院系提供权威性的经费申请书。他们还负责向科研人员提供专业的咨询和建议，商议如何才能拿到最多的资金，并且提供持续的支持；资金到位之后，则管理资金财务，准备财务报表和发票。总体来说，帝国理工在服务科研方面提供了一个卓越的支持框架。

科研办公室分为5个团队：运营与保证团队、系统与信息团队、欧洲团队、合同团队、知识产权团队。运营与保证团队主要的工作是制定科研发展战略（对内和对外），公开出版科研成果汇编，并提供科研方面的培训工作。独特的团队是系统与信息职能部门，与计算机部门紧密合作，收集并处理有关科研政策、科研项目申请、管理、趋势等信息。

科研管理的目的是进行高质量的科研工作，要向社会证明科研实力非常雄厚。在工作中，不是去看科研人员有哪些方面做得不好，而是要找出体制机制障碍。如果自己的政策与外部要求相冲突时，就需要评估自己的系统是否足够好，找出问题，并向高层提出预警。

资金到位之后，科研办公室要做出他们对各种科研责任事项的承诺，并承诺提高科研质量标准，同时要增加科系科研服务团队对于权责的理解，对科系科研服务团队设立最低监督要求，使得整个管理体系具有连贯性。

在科研体制上的创新是成立科学研究院，之前的想法是设立一套机构以聚合和管理各种科研人员，使他们共同研究课题，产生成果，但是他们相互都不买账。后来改成设立研究院的运作方式，非常成功：研究院就像是一个店面，研究人员还是在科系之中，他们如何花钱，挣了多少钱，研究院均不管，不控制他们的预算，也不控制他们的行为，研究院只是给研究人员予以帮助，并提供资源，如不断加强与企业行业的联系，开拓人脉关系，争取资源进入到研究院，由研究人员利用。这种研究院立足点非常高，重点定位于应对全球性的挑战：联合能源、电子、石油、天然气、生物化学等学科，整合一些研发项目，帮助研究人员获得卓越的成果，比如设立全国医疗创新研究所、气候变化研究所以及安全科技研究院，所从事的研究都涉及具有巨大挑战性的议题。

研究院职员较少，研究人员都在科系。研究院不负责教学、研究，只是作为对外的代表，为研究人员拓人脉、聚资源。其工作重点在于多学科活动，为科学、技术和创新提供多学科的合作平台；为社会、政府与商业提供有价值的解决方案。作为政府和行业共同信任的平台，将需求转化为研究项目和政策意见。

三　帝国理工的合作机制与平台

帝国理工本着寻求学术兴趣与商业需求间共鸣的原则，推动广泛的校企合作。在校企合作中，企业为帝国理工提供经费支持以挑战为导向的研究项目，学校因此建立符合市场需要的课题，并推广其重点研究领域。而企业则从帝国理工咨询公司的咨询服务、帝国理工创新公司的技术转化以及帝国理工量身订制的硕士课程和继续职业教育中获得增值。校企合作的模式广泛、灵活，包括企业赞助旗舰研究中心、有竞争力的知识园地、合作经营研发、企业小型实验室、大学衍生企业、虚拟实验室、概念证实基金、受资助的研究和合同研究等。值得高度关注的是，帝国理工通过新校区——西区的建设，又创立一种更新的校企合作模式，即合作的商业企业直接进驻校园，进驻在最相关的研究实验室旁边，建立研究转化一体化中心（英国第一旗舰，2016 年开设营业），拟提供 50 个衍生公司工作室以满足伦敦企业要求；吸纳 1000 名工程师参与新一代材料研究，为创新企业和世界级大学提供伦敦基地。

帝国理工建立了三种有效的大学与业界合作的平台，即帝国商业合作者、帝国咨询公司和帝国创新公司。帝国商业合作者是学术与商业合作的新途径，汇聚了行业中对研究、创新和人才有浓厚兴趣的管理者、学院高级学术人员和其他有影响力的机构代表，通过开放的、启发式的对话（如技术前瞻讨论）应对共同的战略挑战，有效拓展拓宽和加深帝国理工同企业合作者的联系。帝国咨询公司作为帝国理工全资附属公司，为商业行业的事故鉴定和商业合并及购买提供学术建议。每年有 500 名帝国理工的员工参与，极大地密切了学术人员与商业行业的联系，年营业额已达 1500 万英镑。帝国创新公司最早是作为帝国理工技术转化办公室而成立的，是一个独立于帝国理工的技术商业化和投资公司（帝国理工拥有 20% 的股权），经营知识产权和科技创投，2014 年市值已达 6 亿英镑。尽管它独立于帝国理工，但通过协议约定，为帝国理工经营知识产权，帮助其成立初创公司并为之进行融资，成为其技术转化的一部分。它在帝国理工建立技术转化孵化器，初创公司在此进行孵化。

考察牛津大学、剑桥大学和帝国理工三所大学关于科技成果转化的经验，除上述介绍的情况外，还有两点深刻印象：一是三所大学成立衍生公司后，都不推荐大学科研团队的教授担任 CEO，而是聘请职业经理人。一方面是因为团队是商业成功的关键因素，另一方面不能就这样不断地流失优秀研究人员。研究人员从专利授权

（许可）获得股权得到回报。二是三所大学的专利申请特别注重实效，这不仅是出于减少高额的专利维护费的考虑，更是考虑专利是否有用，是否可以转化为产品和服务。像牛津大学这样顶级大学，每年的专利申请仅100项左右，但其科技创新在2014年获得全球最佳年度奖。

四　帝国理工强调多学科交叉融合

一流大学的重要战略是进行跨学科研究和多学科融合，帝国理工近年来的科研方向主要就是跨学科研究和多学科合作。帝国理工通过创新机制，组织强有力的跨学科研究。帝国理工的四大核心学科通过工学院、医学院、自然科学院、商学院进行跨院系合作，组建跨学科的虚拟学院（研究院），解决贯穿众多学科的研究主题——健康、能源、环境、安全四大全球面临的挑战问题。目前帝国理工已设立"能源未来实验室"、"气候变化学院"、"安全科技学院"、"环球健康与创新学院"四个学院。虚拟学院的设立，为科学、技术与创新提供多学科合作平台；为社会、政府和商业提供有价值的解决方案；能够与公共、私营和学术部门开展广泛的合作；它作为政府和行业共同信任的平台，能将需求转化为研究项目和政策意见。虚拟学院研究人员的人事关系、教学任务不变，仍属于各科系；其获得的项目、经费、成果都算到相应的科系；采用股份制模式，即根据参与研究的人数所占比率分配股份，而虚拟学院提供所有的资源、设备、场地，每年的盈余按股份分配到参与的科系中；虚拟学院一般不招录学生（仅一个例外："能源未来实验室"有一个硕士项目，集合了科学、商学、工学院的教授来培养）。虚拟学院仅有少数的管理人员，他们为研究人员提供帮助，并提供资源，如不断加强与业界的联系，开拓人脉关系，争取更多的资源进入到研究院。这种促进跨学科研究的机制打破了各学科间的藩篱，使得集合全校范围的相关科研人员开展跨学科研究得以成功实现。例如，建于2005年的"能源未来实验室"，集合了工学院、科学学院、商学院和部分医学院共计约600名研究人员，旨在促进帝国理工在能源领域的跨学科研究和教育，建立能源合作研究项目（已有

6700 万英镑新研究资金注入），支持和拓展全校能源研究，培养未来能源专业研究员，并与商业和政策制定者及外延实验室开展合作。在全英国大学中，帝国理工专利最多，初创公司最多，科研在政府领域、社会、科研领域发挥着巨大影响。在帝国理工能感触到科技发展的前沿动态，如碳捕捉实验室、机器人心脏手术研究等，都代表着科技发展的前沿。

五 合理设置利益分配机制

（一）打破学校内部部门利益壁垒，推进多学科融合

学校教学工作由各个院部统筹，本科生、研究生的培养由各学院统一组织教学，所有教师都由院部统一安排上课。在科学研究方面，按照学校战略，积极推进学科融合。帝国理工成立的四个国际性跨学科学院，使科研人员按科研兴趣进入各个平台，以项目为牵引，组成研究团队。为破除各院部与专业之间的科研人才整合所面临的资源分配壁垒，学校按照公司组建的办法打造新的研究平台，参与的学院按照一定的"股份"获取收益，包括研究经费、知识产权的分配。

（二）注重知识产权保护与增殖培育，实现科技转化的最佳收益

帝国理工许可帝国创新公司独家代表学校经营知识产权。帝国创新公司为学者提供关于知识产权方面的帮助，由帝国创新公司出资帮助学者申报专利。专利申报后并非急于向外授权，第一步是完成市场调查、判断商业需要；第二步是组建初创公司进行孵化、生产原型产品；第三步是进行技术评估。在此基础上，再进行授权转化或成立衍生公司，使科技转化达到收益最大化的目标。在知识转化与技术咨询方面都以契约的形式明确了发明者的收益。技术咨询公司每年营业额（2000 万英镑）的 80% 付给技术咨询服务者，学校只收取 20% 的行政管理经费，以鼓励科研工作者主动将学术兴趣与商业需要融合。

（三）兼顾社会效益与经济效益，形成良性循环

帝国理工致力于气候变化、安全科技、医疗卫生等人类生存最关注领域的前沿技术研究，在医疗领域尤其关注贫穷国家，积极推

进低成本、高效能、能满足一般群体消费需求的新技术开发与推广；在选择产业合作伙伴与契约签订过程中，注重保留相关学术运作的自由，以便为国际上提供更多卓越的报告；同时兼顾社会效益与经济效益。格拉斯哥卡利多尼亚大学注重于社会商业领域（吸引私人投资，项目报告产生社会效益，无商业利润的回报）工作的开展，援助孟加拉国组建护理学院就是一个典范案例。这种兑现实现了人类共同利益承诺的行为，也获得一些回报。如达卡的一位银行家通过援建的行为加深对学校的认识，在格拉斯哥开办银行、投放小额贷款以帮助社会底层家庭的创业，形成社会商业的良性循环。

第四节 帝国理工学院资产经营前景

帝国理工围绕其创新目标，进一步促进科技成果转化，目前正在向西扩建。帝国西区是帝国理工主要的新技术校区，位于充满活力的伦敦西区，邻近 BBC 与韦斯特菲尔德（Westfield）伦敦购物中心，与帝国理工位于 Hammersmith 医院的研究型校区仅隔 500 米。帝国 White City 校区在 2015 年将形成一片大创新区域。它有 2 倍于南根辛顿校区的面积，进行了 30 亿英镑的投资资本，每年有 5 亿—10 亿英镑的收入。建成之后，帝国西区将成为容纳世界一流研究人员、商业企业和高等教育合作伙伴的基地，将成为全英科技的心脏。学术与商业机构将专注于科技，开展医疗、清洁能源和数码领域最先进研究。帝国西区通过组织间紧密的合作，将激发出更伟大的创新，促进由创新成果到商业应用的转变。帝国理工一直位列全球顶级大学，以科研为基础，因卓越的教学与研究声名远播。它的研究转化中心是英国第一旗舰，其中由 1.5 亿英镑资产的研究转化中心，9000 万英镑私有财产，3500 万英镑政府投资及 2500 万英镑学校投资，并提供 50 个衍生公司工作室满足伦敦企业需求，有1000 名科学家和工程师参与新一代材料研究，为创新企业和世界级大学提供伦敦基地。同时在帝国理工新校区规划中，转化中心预计将在 2025 年创造 3200 个就业机会，转化中心成员可以获得学院为商业提供的帮助与支持，包括创业团体。

第五节 对我国高校资产经营管理的启示与思考

一 高校资产经营模式转变

根据教育部统计的 2012 年度高校校办企业数据，在参加校办产业统计工作的 489 所普通高校中，有 222 所高校设立的资产经营公司，不到参加统计高校的一半。作为以人才培养为主的高校而言，现有的教师和其他工作人员对资产经营缺乏市场化的经营领导和团队，同时一边从事着教学，一边从事着科研，而同时还要去经营企业，这在高校难以统一考虑。即便是设立的资产经营公司如此，而对于未设立资产经营公司的高校的校办企业，因经营业务相对分散，管理相对不科学，经营人才更加缺乏。而帝国理工初创成立的帝国创新集团，帝国理工只占有限的股份，并联合其他名校以及社会公司参股经营，既让公司实行市场化运作，又将牛津、剑桥等名校联合起来，集中各自的科技成果，以创新集团为纽带，让创新集团做大做强，在社会上形成一定的影响，体现出科技成果转化的实效。这种资产经营的模式针对我国高校全资控股而言具有借鉴和参考意义。

二 研究型顶尖大学对应用研究的重视

作为世界顶尖大学之一的帝国理工，专注于科学、工学、医学和商学的教育、科研和转化，学校的使命是产生科学、工学、医学和商学领域的世界级学识，进行相关教育与研究，他们特别注重这些学科的研究成果在工业、商业和卫生领域的运用，并将科研重点放在解决全球面临的四大挑战的应用研究问题上。帝国理工在 2012—2013 年度的研究收入达 3.3 亿英镑，占总学校收入的 40%。

多数人认为，类似于帝国理工这样的研究型大学肯定是以基础研究为主，可是从实际来看，帝国理工虽然以创新为核心主旨，但目标是科技成果的转化与应用，给经济社会、就业与创业等方面所带来的影响可想而知。而在我国，到底是重视基础研究，还是应用研究，在不少部门引发争议。这无论给我们国家和地方教育主管部门，还是学校或教师带来深刻的思考。

三　重视跨学科研究

从帝国理工的经验来看，多学科研究是解决现代科学和技术问题的必由之路。帝国理工在跨学科方面是真实的融合，正如帝国理工的教授所言，弱弱联合不可能变强，必须是强强联合，按这一理念，帝国理工在跨学科合作时就有了成功的基础，加上学校的导向、世界一流的研究、与行业企业的需求切合，以及学校在跨学科方面机制等，使得帝国理工在跨学科方面非常成功。而针对我国而言，跨学科研究提倡得还不够，有些停留在形式上，还没完全落到实处，因职称导向、利益分配、成果归属，以及学校关于跨学科研究的导向与制度设计等问题，导致一些院系、教师想合作但不知怎么合作，因此出现转化效果不明显、缺乏深度融合的现象。

四　树立开放意识、责任意识和市场意识

英国大学的共同特点之一是主动寻求与政府、社区合作，同时听取行业、企业意见，这既是对学校未来发展考虑，包括声誉、经费等，也是出于对学生的考虑。因为寻求合作，打开市场可以为学生就业寻找渠道，同时也是以提高教学质量而培养更加优秀人才为目的。而在国内，学校主动性有待提高，政府和行业企业的包容性有待提升，导致资源不能共享，没有形成联动效应。仅就科技成果转化而言，不与市场联系，就不知市场对技术的需求；不与政府联系，就不知国家的导向；不与社会联系，就不知世界前沿而可能盲目地研究与开发；不与行业联系，就不知社会需要什么样的人才，也不知如何培养人才。因此在科技成果方面，帝国理工结合自己理工科学科优势，应对人类未来发展趋势，调动全校的优势资源，追踪人类科技发展前沿问题，通过自己的科研和教学提升人类生活的

品质，成立环境、健康、能源和安全科技四个关系到人类普遍福祉的协同创新中心，服务和引领意识非常强烈，积极与国际领先的公司或组织合作，开发创新思路，以解决科学、工程、健康、环境和经济等方面世界性的最困难和最需要的问题，使其产生积极效益。

第六章 高校资产经营管理保障机制研究

第一节 高校资产经营管理绩效评价研究

绩效被定义为一定时间内使用有限资源在市场中从事经营活动所取得的收益，可从效果与效率两个方面衡量。而绩效评价则是在一定参照物对比下，对于另一经济主体经营活动成果进行的比较。我国高校资产经营公司还没有形成健全的绩效评价体系。健全完善有效的绩效评价体制要，一方面，能够帮助资产经营公司界定责任权限，改进公司治理结构，帮助制定合理的委托—代理合约与激励约束机制，平衡公司各方利益相关者权责，使公司管理层更加高效地管理公司生产经营活动，达到更高利益目标；另一方面，帮助公司认识存在的不足，有目标、有针对性地解决问题，发挥高校科研与人才优势，提高公司生产经营效率。

一 高校资产经营管理绩效评价主体

对高校资产经营管理情况进行绩效评价行为的人员或者组织称作绩效评价主体。绩效评价系统的建立与执行工作由评价主体主导，评价主体决定评价原则和依据、进行评价的模式、评价内容和结果。评价主体与被评价高校没有直接隶属关系的，为外部评价主体；存在直接隶属关系的，为内部评价主体。

（一）外部评价主体

常见的外部评价主体有国家、各级政府部门、企业和债权人等。

作为高校的主要投资者，国家和各级政府部门是高校资产经营管理绩效的主要评价主体。绩效评价不仅起到提高国有资产使用效率、增强宏观管理能力的作用，同时也起到监督国有资产、对纳税人负责的作用。随着产学研合作的开展，越来越多的企业投资高校，并作为评价主体参与到高校资产经营管理绩效评价中。企业是以营利为目的的组织，对高校投资收益情况需要通过高校资产经营管理绩效评价来体现。同时，更加完善的绩效评价体系也将增加企业投资的力度和稳定度，吸引更多的企业成为高校的投资者，承担更多的办学经费和责任。债权人也常作为评价主体，因为债权人的利益与高校的偿债能力密切相关，而高校资产经营管理绩效评价结果能够在很大程度上反映出来。此外，社会舆论机构、社会团体和公民作为社会评价主体，也会直接或间接对高校资产经营管理绩效进行正式或非正式评价。

（二）内部评价主体

评价主体与被评价对象存在直接隶属关系的，通常是高校资产运营部门或者单位自身，称为内部评价主体。常见的内部评价主体有上级主管部门和高校内部专职评价部门。高校的内部自我评价是高校自行设立的部门针对资产管理水平做出一定的评判，主要有高校资产管理处（国有资产管理处）、财务处以及审计处等部门。

二　高校资产经营管理绩效评价作用

（一）规范功能

高校资产经营管理绩效评价工作可以促进高校资产经营管理工作的规范化、制度化。绩效评价的前提之一是相关规章制度的健全与完善，而规章制度执行情况对绩效评价结果起重要作用。根据绩效评价结果可以制定、完善相关规章制度，对相关制度的执行情况又会反馈在绩效评价结果上，如此循环，绩效评价不但能够推进健全制度的建立，更能促进相关工作科学化、规范化和制度化。

（二）导向功能

高校资产经营管理绩效评价的结果可以充分体现高校对其资产的占有、使用、管理与配置等方面的情况，是高校运营业绩和能力的体现。其结果不仅为高校领导提供决策依据，也可以作为政府财政拨款的导向。

（三）激励功能

高校资产经营管理绩效评价的结果可以用于评估资产管理人员的工作业绩，设立竞争机制，对不同工作业绩采取不同的奖励和惩罚措施，对资产管理人员的工作态度和工作效率起到激励作用。

（四）诊断作用

高校资产经营管理绩效评价过程和对评价结果的分析，是对高校资产经营管理工作进行全面的检查和诊断，可以使资产管理者发现问题，加以改进。

三 公立高校国有资产绩效评价难点

（一）高校资产的准公共产品性与绩效评价要求的效益性之间矛盾

现代市场经济大环境下，公共性的组织或者部门的目标是社会公众的公共利益最大化，而私人组织所追求的目标则是个人利益最大化。高校作为公共组织，所追求的是公共利益，并且高校所持有的资产并不能创造财富，没有增值能力，因此普遍意义上用来评价资产的资产效益性对于高校资产来说很难衡量并且没有实际意义。高校资产经营管理绩效评价在于促使高校资产管理者能够高效利用有限资产，合理科学的配置资产，在保证社会公众利益的前提下实现资产效益，减少高校资产的闲置与不合理浪费，从而达到高校资产的非营利性与公益性矛盾的转化，使之相互统一、相互推进。

（二）高校资产效益水平难以衡量与绩效评价的可计量性之间的矛盾

资本是一种能够以货币作为单位计量的经济物质，资本需要以货币作为单位计量，例如资本成本、收益、各项绩效衡量指标。但是高校的资本收益与普通的企业资本收益在本质上不同，因此很难用货币衡量这一收益，不仅很难用量化的货币指标衡量以外，而且高校的资产收益绩效没有一个确定的衡量体系。例如，对大学培养出来的各类人才进行一个绩效衡量几乎不可能，同样，大学一些社会性的科研成果注重的是社会公益性，也不能用货币性指标衡量其绩效。

（三）高校会计核算制度与绩效评价原则之间的矛盾

财政部印发的《高等学校会计制度》（财会〔2013〕30号）规定，"高等学校会计核算一般采用收付实现制，但部分经济业务或者事项的核算应当按照本制度的规定采用权责发生制"。按此规定，高等学校编制的财务报告所反映的数据与按绩效评价为基础的公允价值之间可能会产生数据上的不一致。同时，由于历史原因，高校的很多资产并不能显示其真实价值，如政府分配给高校的土地或者高校自身形成的无形资产，特别是具有价值的科技成果，这些很难准确估计其真实价值，因此更加难以用绩效评价指标衡量其资产收益。

（四）高校部门之间复杂性与绩效评价指标统一性之间的矛盾

高校的职能部门繁多且性质各不相同，高校的校办企业也越来越多，特别是，高校本身是公益性的非营利性组织，而校办企业则是以营利为目的的组织，这就意味着对于不同性质的部门必须使用不同的评价指标，这一要求对于整个高校的资产收益评价体系在设计上比较复杂。

四　高校经营性资产绩效评价方法

根据理论框架的不同，常用的绩效考核方法分为平衡计分卡、关键绩效指标考核、360度反馈法和目标管理法等。从使用者的角度来划分，根据不同使用方法可分为经济分析法、专家评议法、数理统计法与运筹学方法等。

（一）平衡计分卡

平衡计分卡（Balance Score Card，BSC）从四个方面衡量企业的绩效，即财务、顾客、业务内部控制过程以及学习与成长。平衡计分卡首先衡量从企业生产经营方面的产出情况，其次对企业盈利能力在未来的增长能力进行审查，最后以顾客的角度以及从企业内部考核整个企业经营状况，是将公司的长期经营战略与短期经营行为相结合的衡量方法。

（二）目标管理法

目标管理法（Goal Setting, or Management by Objectives, MBO）最早由管理大师彼得·德鲁克（Peter F. Drucker）提出，现已发展成为一种比较成熟的绩效评价方法。作为一种计划和控制方法，目标管理法在企业的经营中被广泛应用。同时，目标管理法也可以作为一种激励手段对员工使用。这种方法作为一种绩效评价手段时，需要先确定绩效目标，然后对完成这个目标制定一定的时间限制与进度框架，在截止时间后对比已完成的绩效与最初确定的绩效目标之间的差异，最后通过弥补与调整，重新制定绩效目标，不断地进行循环。

（三）360 度反馈法

360 度反馈法（Multi – rater Assessment or 360 – degree Feedback）是通过所有与被考核目标相关的人或部门对被考核者进行评价，这些相关者包括被考核目标的上下级，内部与外部考核者，例如供应厂家或者直接接触的顾客。通过这些主体的反馈形成一个全面的有关被考核目标的评价，量化这个考核结果用以改进被考核目标的工作。因为其反馈角度相对来说比较全面，因此也被称为全视角反馈。

（四）关键绩效指标考核法

关键绩效指标考核法（Key Performance Indicator, KPI）是指分析工作中所有绩效的特征，统计出不同的有关绩效的指标体系，加以筛选，挑选出最具有代表性的绩效关键指标，根据这些关键指标对绩效进行考核的方式。关键绩效指标考核的重点在于，认真挑选出真正有代表性的绩效指标，同时要对这些指标进行合理量化，使绩效考核更加有效以及合理。

（五）经济分析法

经济分析法是选用某一综合经济指标考核被评价对象的方法，而这一综合指标通常都是事先经过挑选统一决策的。最常见的经济分析法是给出某一经济综合指标模型或者计算方式，根据这个指标衡量不同的被评价对象。这种方法直观，结果十分清晰，在对被评价对象进行对比时比较适用,但是缺点在于经济指标的模型或者公式很难确定,针对多种不同性质的被考核对象时,很难确定一个统一的公式用以衡量。

（六）专家评议法

专家评议法是以专家的直接判断为基础的评价方法,常见专家评议法有评分法、加权评分法和优序法。专家评议法的优点是十分简易方便,但是缺陷是有很强的主观性,单凭专家的判断很难全面公正地评价企业的绩效。

（七）数理统计法

数理统计法是使用数理方法进行考核的方法,常见的方法有主成分分析法、聚类分析和因果分析法等。这种考核方法与专家评判法不同,没有主观性,不会被一些人为的因素而扰乱或者影响,适用于相关性比较大的一组被考核目标,但是数理统计法的局限在于被考核目标必须以数值的形式表现,并且评价结果不能反映出评价目标的重要性。

（八）运筹学方法

运筹学方法比较常见的有模糊综合评价法、功效系数评价法。模糊综合评价法是借助模糊数学的模糊集、隶属度等概念,应用模糊关系合成的原理,将一些边界不清、不易定量的因素量化,进行综合评价的一种方法引用。企业进行分类或者划定级别的时候经常用到这个模糊综合评价方法。功效系数评价法在建立以多目标规划理论的基础上,将需要评价的目标按照一定的规则分为不同级别的标准,使用功效函数转化为可以直接被量化衡量的分数,之后将每一部分的分数相加,根据被评价对象总分进行分析考核。这是目前最常用的方法之一,但其缺点在于计算过程十分烦琐,且重复性很高,不具有应对突发变化的灵活性,最后的评价结果并不能保证其可靠性。

综上所述,在面对绩效评价时,理论方法必须与实际情况相结合,单一的主观评价或者客观评价都不能作为全面的考核结果,必须将二者相结合,同时评价体系的灵活性与可发展性也十分重要,在选择时要多加注意，太过烦琐或者不准确的评价方法都会导致最后的结果偏差，因此评价体系的选择十分重要。

五 高校资产经营公司绩效评价

高校资产经营公司的绩效评价既要评价商业性，也要评价社会性。鉴于我国高校对于经营性资产，有些设立了专门的资产经营公司，而有些没有。在高校设立资产经营公司的起步阶段，对高校资产经营公司进行绩效评价的主要目的在于明确公司的主要任务和主要功能，梳理未来发展走向，改进公司内部各部门之间的关系，相互协调配合，制定合理的委托—代理关系，使员工对于公司的发展充满积极性，建立科学有效的监督约束机制。在公司运作阶段，高校资产经营公司绩效评价指标的设计分为三个层面：一是将其作为公司来评价，可以采用财务管理所运用的公司偿债能力、盈利能力、运营能力和发展能力等指标；二是将高校作为公共事业单位来评价，可以参考吸收国家国资委颁布的中央企业综合绩效评价指标，如社会责任这些不同于一般公司的特殊指标；三是将高校从事的人才培养、科学研究和社会服务等职能来评价，还应该注重高校自身特色，因为高校资产经营公司不仅是高校管理公司，而且是学校科技转化平台，起到促进学校科研成果产业化转变的作用，积极联系社会项目，推动学校的科研项目，促使产学研相结合，增加生产经营能力，提高公司的盈利能力，为高校的长远发展提供资金支持。基于这些方面，高校资产经营公司绩效评价指标还应该包括促进科技成果转化的数量、质量及效率方面。总体而言，高校资产经营公司在成立之初与正常运作之时的绩效评价目的不同，方法不同，因此指标也不同；而在正常运营过程中，绩效评价的指标应该是分层设计，构成一个健全的能够完全体现高校特征的体系。

六 高校资产经营管理财务指标

高校资产经营管理中，最重要的考核内容就是高校经营性资产运营成果的高低，了解运营结果的高低需要密切关注公司的财务报表，主要包括资产负债表、利润表和现金流量表。资产负债表中可以看出在一个经营周期内公司的资产结构与负债情况，考虑其负债承担情况，利润表是对于高校资产运营结果最直观的反映，而现金流量表则可以反映出高校的现金流动情况与高校资产的流动性。这三张表需要综合考虑，其内容相互联系、相互制约，只有统一考虑才能得出全面结论。

（一）资产负债表反映在固定经营周期内的偿债能力

根据公司提供的资产负债表，可以根据其中的数据计算高校资产经营公司的资本结构、变现能力，也就是现金流动性以及负债情况。通过计算将资产负债表中的数字转化为更为直观的比例形式，通过对财务比例的分析可以判断公司的负债情况以及信用可靠度。通过资产负债表可以计算出以下几种比例。

流动比率＝流动资产/流动负债

流动比率，也叫偿债比率，能够反映一个公司的偿债能力。流动比率高，意味着公司的资产流动性强，偿债能力也比较高，可以应对一些突发状况；反之，比较低的流动比率则意味着公司资产流动性差，负债能力低，不能及时地应对突发事件。在高校资产经营公司中，流动比率是十分重要的比率，如果高校自有资产较少，主要依靠借款经营公司，偿债比率就会很低，也是十分危险的财务信号，一旦银行减少贷款或者其他来源的借款减少，高校资产经营公司很难继续经营下去。

速动比率＝（货币资金＋应收账款＋债券）/流动负债

速动比率，又叫酸性测试比率，代表在流动资产中能够立即变现的资产与流动负债的比率，除去流动资产中的存货等不能立即变现的资产。与流动比率相比，速动比率更能反映企业的偿债能力，因为它将不能立即变现的资产排除在外，选择流动性更强的货币资金、债券（可以立即转卖变现的短期债券）以及应收账款。

经营资金＝流动资产总额－流动负债总额

经营资金，也叫营运资本，代表的是企业短期偿还能力的大小。广义的营运资金是企业的总流动资产与总流动负债的差额。在银行贷款合约中，银行要求借款方的营运资本总是保持在一个固定数值之上。流动比率、速动比率和经营资金三个指标均是对企业偿债能力的考量。这些指标越高，企业的偿债能力越好。

净资产负债率＝负债总额/所有者权益总额

净资产负债率，同样也是衡量一个企业偿债能力的比例，但是净资产负债率可以显示出公司内部的资本结构，将公司股东权益也就是自由股本与公司的总负债相比，可以看出公司依靠负债作为资金来源的程度大小，同时也可以看出公司中自有资本比率。

资产负债表能够体现资产经营公司在一个固定的经营周期内内部资本架构、负债能力与变现能力。这些数据反映公司财务状况，在公司的经营管理中十分有用，因此公司需要定期对资产负债表做出分析判断，要与前期的资产负债表中相应数据进行对比，发现公司所面临的问题和未来的走向趋势，以便及时做出调整与纠正。

（二）利润表直观表现经营周期内公司业绩

利润表直观展示资产经营公司在一个固定经营周期内的业绩成果，经营周期通常选择一个季度或者一个财政年度。利润表可以反映出公司在经营周期中销售额度以及相关成本费用等，可以直观反映公司在这个周期内的盈亏情况。

利润＝收入－费用

这一等式看似简单，但清楚地表明，公司的收入越高或是销售额越大，费用支出越少，公司所获得利润就会越大。但是实际情况要远比公司表现出来的更复杂，因为公司的收入有营业收入和非营业收入之分，费用支出项目也繁多，种类各式各样。不同收入反映出业务项目的成绩，不同费用项目反映不同方面的管理或控制效果。

利润表与资产负债表对公司作用有所不同。资产负债表反映某一个时点时的公司资产状况；而利润表反映的是整个经营周期内的经营状况。资产负债表只显示最终情况，是静态数据；而利润表体现的是经营周期全过程的业绩，是动态数据。资产负债表反映的是，公司在报告期末时点上拥有多少资产、多少负债、多少权益；而利润表反映的是在一定的报告期完成多少收入、开支多少成本、开销多少费用、形成多少利润。资产经营公司绩效评价不能只是评价公司赚取利润，还应该评价资产负债表上反映的资产、负债和所有者权益数据，以评估公司的风险。

（三）现金流量表反映公司内现金流动状况

为了全面掌握资产经营公司的财务状况，资产负债表、利润表和现金流量表三者反映的信息缺一不可，但现金流量表的作用较弱，这是因为资产负债表上要素的变动、利润表上要素的发生，导致了现金流量的变动，也就是说资产负债表与利润表的编制，影响了现金流量表的编制。

现金流量表反映公司内部现金的流动走向，现金是指在资产负债表中的速动比率中速动资产，也就是流动资产中流动性更强的资产，包括现金与能够立即变现的债券以及短期投资，不能够及时变现的存货与应收账款不计算在现金范围内的。

七 高校经营性资产保值增值考核指标

高校资产经营公司的首要目标是确保高校资产的保值与增值，创造更多的收益，为高校长远发展提供物质支持与资金支持。高校资产保值是指某个固定周期结束时，全部资产要与期初资产价值相等，维护在同一水平；而资产增值则是指在周期结束时，资产在保值基础上达到一定的资产价值升值，同时赚取一定收益。高校资产保值并不是指简单的存量上的资产维持不变或者财务资产等量，而是指实际的实物资产价值保持不变，这意味着在衡量高校资产是否成功保值时，应该考虑货币的时间价值以及物价变动的相关因素，如利润通货膨胀率或者紧缩率，而且资产的增值计算也不应该采用简单的财务资产增加，而是需要用计算公式消除货币时间价值与物价因素的相关影响之后再进行资产是否增值的考核，这样才能够真正衡量出高校资产是否达到保值与增值。

用以衡量高校资产是否真正保值与增值的评价指标多种多样，从财务角度考虑资产保值增值主要有以下指标：

高校资产保值增值率 = 期末资产总额/期初资产总额 − 1

这个公式简单明了，易于理解与计算，但是最大的问题在于并没有将货币的时间价值以及物价变动等因素考虑在内，因此得出的结果并不是真实的结果。

为了得到更加真实准确的资产保值增值率，应该将上述公式进行处理，即将货币的时间价值与物价变动等因素考虑在内，对数据进行剔除物价影响，可以确保结果不受物价变动的影响。对于货币时间价值的影响，则应该使用某一利率作为货币平均收益率进行贴现以消除影响。经过这两步骤的处理之后，通过消除货币的时间价值以及物价变动的影响，得出的计算结果相对来说更加客观准确。得到的计算数值如果大于零，意味着高校资产成功保值并且实现一定的增值；如果计算数值等于零，则意味着高校资产成功保值，但是没有增值；如果计算数值小于零，则意味着高校资产不仅没有保值，而且发生减值。

八　高校资产经营绩效评价体系

（一）资产经营绩效评价体系构建原则

高校资产构成十分复杂，并且高校有其独有性质，以致目前并没有成熟的绩效评价体系可以直接使用，因此在构建高校资产经营公司绩效评价体系时，应该先将比较明确的可量化的因素放在考虑范围内，再考虑全面性。绩效评价体系既要保证评价体系的可行性与简洁性，又要充分考虑高校所特有的评价因素。具体来说，绩效评价体系的建立应该遵循以下几点原则。

（1）系统性原则。评价体系的指标选择要遵循系统性原则，即指标必须能够全面系统地反映高校所拥有的资产实际使用状况、高校的教育科研成果情况、高校资产的利用率等这些因素。绩效评价需要系统性的指标，从不同角度、不同层次评价高校资产经营公司的绩效。

（2）激励性原则。建立完善的绩效评价体系有助于制定科学合理的代理人与员工激励约束体制，从而提高员工工作积极性，更加高效地经营高校资产，从而增加利润。因此绩效评价指标需要在一定的范围内建立，这个范围以资产公司经营者也就是代理方能够控制的程度为主，公司经营者不能够控制的指标不应该出现在评价体系中，否则会引起经营者的消极情绪，影响公司的经营状况。同时指标应该建立在比较先进的水平上，使经营者感受到一定的挑战力，从而激发其动力。

（3）可行性原则。评价体系中所包括的各种指标必须简单明确，并且易于检测衡量，计算简便，搜集方便，容易被理解，这样才会保证整个评价体系真正具有可行性。

（4）动态性原则。在构建绩效评价体系时，应该选择对高校资产收益影响力较大的指标，从而使绩效评价体系对资产经营管理有一定的引导作用。但是，所有事情是无法完全预计的，不确定因素太多，导致突发事件也多种多样，因此整个评价体系需要不断地调整、补充和完善，如随着市场变化或者政府政策体制等的改变，有些指标可能会增加、减少，甚至有些指标所占权重需要不断调整。

（二）建立规范化的高校资产经营绩效评价程序

建立科学合理的高校资产经营公司绩效评价程序包括以下步骤：

（1）需要建立健全高校资产经营公司经营管理的运行机制，对高校资产保值、增值目标进行严格责任分配，实施目标考核制度，责任到人，考核机制明确简便。

（2）树立明确的高校资产经营的成果目标，并根据目标建立相应的实施计划与进行预算，将最终结果与预设目标相结合，对公司的经营管理进行调整。

（3）设立监督机构对高校资产经营公司进行全程监督，定期制作汇报结果，监督各项活动实施的过程，对实施中发生的问题及时提出意见。

（4）设立审计部门对资产经营公司的经营绩效定期审计，提供科学有用的分析报告，清晰解读公司在经营过程中的不足，提出整改意见。

（三）高校资产经营绩效评价体系

高校资产评价体系有两个重点：一个是资产保值与增值；另一个是非财务方面的成果，也就是高校特有的成果，高校的资产绩效评价体系应该建立在这两点基础之上。高校资产经营公司与一般的企业相比较，有一定的相似性，同时也有一定的独特性，因此高校经营性资产评价体系应该由一般的企业绩效评价体系与高校自身独特的评价体系相结合，包括一般的财务指标，高校独有的社会指标，例如人才培养成果、科研成果转化、社会贡献等。绩效评价体系具体构建如下，与前文重复部分不再分析。

1. 经济绩效评价指标

参考一般企业与高校资产经营公司的共同点，同时根据一般企业绩效评价体系，可以构建高校资产经营绩效评价体系中一般财务指标部分，具体包括四个部分：财务效益状况指标、公司偿债能力指标、资金运营状况指标，以及公司的未来发展能力指标。

（1）财务效益状况指标。高校资产管理绩效体系中的财务效益状况指标与普通企业的这一部分内容较为相似，主要包括两个基础指标，即净资产收益率与总资产收益率，以及三个衍生指标，即资产的保值增值率、营业利润率以及费用利润率。其中资产的保值增值率是高校资产管理绩效评价体系所独有的，这是由高校资产经营公司的首要目标实现资产的保值增值而决定的。

净资产收益率＝净利润/平均净资产

净资产收益率，也称权益保存比或者净资产报酬率，是净利润与年度平均净资产的比值。这个比值反映的是高校资产获取净收益的能力，是高校投资与收益的直观反映，是企业考察财务效益最直接、最核心的指标。

其中，年度平均净资产是将一年中每个月度平均净资产求和再做算数平均而计算出来的，而月度平均净资产则是对月初资产与月末资产算数平均计算出来的，而另一种年度平均净资产的计算方式是将年初净资产与年末净资产算数平均得出数值再加以运用。

总资产收益率＝（总利润额＋所支付利息）/总资产

总资产收益率，也叫总资产报酬率，是企业的 EBIT，也就是息税前利润与平均总资产的比值。总资产收益率反映的是企业内总资产的使用情况，主要在于总资产的使用效率，这个比值越高，代表资产的使用效率越高，表明公司经营状况越好；比值越低，则表示公司资产使用效率低下，经营状况堪忧。

其中，年度平均总资产是先将年内 12 个月的月度总资产求和，然后算数平均计算得出的，而月度平均总资产则是将月初总资产与月末总资产的算数平均得出，或者可以使用对年初总资产与年末总资产算数平均得出年度平均总资产的数值。

营业利润率 = 营业收益/营业额

营业利润率代表的是企业经营业务的收入水平。数值越高，表示营业收益越好，公司经营越好；数值越低，则代表公司经营收入越低。其中，营业收益是总营业收入去除营业成本而得。

费用利润率 = 总利润/总费用

费用利润率是指公司总利润与总成本的比值。这个数值越高，表示公司经营状况越好。其中，费用总额是管理费用、财务费用、销售成本、销售费用，以及税金及其他附加费用的总额。

（2）资金运营状况指标。高校资产管理的资金运营指标与一般企业的资金运营指标基本相同，包括两个基础指标，即总资产周转率与流动资产周转率。下设三个深层指标，即应收账款周转率、资产损失率和不良资产率。

总资产周转率 = 总收入额/平均总资产

总资产周转率是企业内的总收入额与评价总资产比值，反映的是企业内的资产周转速度。数值越高，代表资产的周转率越高，从而企业的偿债能力与盈利能力越高；反之，则表示资产周转率低，企业经营成果并不理想。

流动资产周转率 = 收入额/平均流动资产

这个指标与总资产周转率的区别在于，选取的对象是流动资产，比总资产更加具有流动性，代表的是企业内的流动资产周转速度。周转速度越快，意味着可使用的流动资产越多，有利于资产的高效使用从而增加利润率；反之，这个比例越低，意味着流动资产周转速度慢，资产利用率低，利润减少。

应收账款周转率 = 营业收入额/平均应收账款余额

应收账款周转率表示的是次数，可以从这个指标看出企业应收账款，应收账款拖延时间越长，企业遭受的坏账损失越大，资金使用率降低，资金成本也相应上升，同时公司利润损失。但是如果完全没有应收账款，则也并不完全有利于公司经营，容易导致存货积压，有可能造成货物的损失，因此公司允许有适当的赊账。

不良资产比率 = 年末不良资产总额/年末资产总额

不良资产比率代表公司一个财务年度结束时，总资产中不良资产所占比例，这个比率越高，越不利于公司的经营与盈利。

资产损失率 = 资产损失额/年末总资产额

这个比率反映公司内的资产损失占总资产的比率，与不良资产相同，这个比率越高，意味着公司经营的不利。

（3）公司偿债能力指标。高校资产经营绩效的相关偿债能力的指标与一般企业的偿债能力衡量指标基本相同，主要包含两个基础指标，即资产负债率、利息倍数。另外有五个衍生指标，即经营亏损挂账、速动比例、长期资产适合率、现金流动负债比和流动比例。资产负债率、流动比例和速动比率已在前文分析过，以下分析其他偿债能力指标。

利息倍数 = EBIT（息税前利润）/利息费用

利息倍数是企业息税前利润与总利息费用比值，其中利息费用产生于借款的各项应付利息。这个比值用来衡量企业偿还利息的能力，也被称为利息保障倍数，直接反映企业的息税前利润是应付利息的多少倍，这个倍数越高，表明企业偿还利息的能力越好，反之则表示能力越差，企业有无法偿还借款的危险，很有可能面临破产的问题。其中，息税前利润是经营周期结束时还没有扣除利息费用以及各项税费的利润。

长期资产适合率 = （所有者权益 + 长期负债）/（固定资产 + 长期投资）

长期资产适合率是从企业资产结构的角度衡量企业的偿债能力，以及企业财务结构的稳定度与企业财务风险的大小。通常情况下，这个数值需要大于1，才能保证企业的偿债能力与财务结构的稳定性，因此企业的管理人员可以根据这个数值及时地调整企业内部财务结构，避免风险发生。

经营亏损挂账比率＝经营亏损挂账/年末所有者权益

经营亏损挂账比率是对企业资金挂账的分析解剖，反映企业由于经营亏损挂账而导致的对所有者权益的侵蚀程度，是对企业财务安全性的反映。

（4）未来发展能力状况指标。高校资产经营公司的发展能力指标同样来源于一般的企业发展指标，主要包括六个指标，其中有两个基础指标，即营业增长率与资产累积率，另外四个衍生指标，即三年利润平均增长率、三年资本平均增长率、固定资产成新率和总资产增长率。这一系列的指标都可以反映企业的未来可持续发展能力。

营业增长率＝本周期营业增长额/上周期营业额

营业增长率指两个经营周期结束后，本周期增值额与上个周期营业总额之比。公司利润的增长是建立在营业收入增长的基础上，没有营业收入的增长，很难实现利润的增长，同时营业增长率也是反映公司是否有发展前途的重要指标。如果公司的营业收入持续下降，意味着公司并没有可发展的潜力。

资本累积率＝本周期所有者权益增长额/周期初所有者权益总额

资本累积率是所有者权益增长的衡量指标，反映的是企业资本的保全性与增长性，同时也可以反映企业的发展潜力。

总资产增长率＝本周期总资产增长额/年初资产总额

总资产增长率反映公司内总资产的增长情况，资产是企业偿债能力的重要指标，通常情况下具有良好发展潜力的公司有较高的总资产增长率。

固定资产成新率＝平均固定资产净值/平均固定资产原值

固定资产成新率，也称为固定资产净值率或者有用系数，是企业在某一经营周期内固定资产净值与原值的比值，这个比值反映企业固定资产的新旧程度，进一步体现企业固定资产的更新速度与发展潜力。

三年利润平均增长率表示的是企业利润三年连续增长的状况，通过均衡这三年的利润平均增长水平，客观准确地评估企业的未来发展潜力。

与三年利润平均增长率类似，三年资产平均增长率也是衡量企业连续三年的资产增长情况，通过均衡三年的资产平均增长率，更客观衡量企业发展能力。

2. 社会绩效评价指标

高校资产是其完成既定教学与科研任务的物质基础，高校资产运营的目的除了经济性目的以外，还有是高校自身的人才培养、科学研究和社会服务等。因此，高校资产经营绩效评价指标应该考虑高校几大职能，起到促进高校资源合理配置，优化资源结构，保证高校的健康发展。因此，高校资产运营绩效评价中的社会评价绩效指标应该包括社会贡献指标、社会满意度指标与人才培养指标等。其中，社会贡献指标是高校最具特色的绩效评价指标，结合高校资产经营公司作用，包括以下几种指标：教学科研指标、学校科研成果产业化指标、科研成果收益率指标、资产后勤服务化指标等；社会满意度指标中包括毕业生数量指标、学术名誉指标以及对外界吸引力指标等；人才培养指标主要包括师生比率指标、人才培养质量指标、毕业生就业率指标，以及师生人均费用支出指标等。

高校资产管理绩效评价体系应该兼顾多种因素形成的完整体系，从多个层次全面评价整个高校资产运营状况。高校资产经营绩效评价体系只有在兼顾高校资产价值以及社会贡献前提下才能全面完整地评估高校资产管理成果，发挥其实质作用，促进高校内部改进与长远发展。但是，这些指标并不是完全固定的，因为并不能将所有可能的因素都考虑到，而且事情总是处在变化中，因此需要在实践中不断检验摸索，积累相应的经验再对评价体系做出合理的调整，使评价体系更加符合高校的实际情况。

第二节　高校资产经营监督管理研究

一　高校资产经营监督体系研究

（一）高校对经营性资产监管存在的问题

1. 高校相关部门对高校经营性资产公司监管力度不够

高校管理部门工作目标是，根据国家政策与相关法规的要求，结合学校的相关政策，决定高校资产经营公司发展方向与指导其日常经营活动，因此管理部门需要对公司的日常经营活动与资产的保值增值状况进行严格监督，一旦发现问题及时纠正。但是从目前情况来看，高校相关管理部门对高校资产状况并不是完全掌握，也无法履行监督职责，只是单方面对高校的正常教育与科研活动进行管理，没有真正地深入到资产经营公司内部，自然也就无法对公司的经营活动进行指导或者监督。此外，一般高校为了给学校日常教育科研活动提供更多的资金支持，为了加速科研成果转化，通常也创办了许多校办企业，可是高校创办公司缺乏经验，或公司的市场需求量不足，致使不少校办企业倒闭，但这些校办企业在倒闭时没有进行破产清算，导致高校资产流失。

2. 高校内部审计重视不够

一般情况下，高校内部审计部门需要对高校生产经营活动的合法性和安全性进行审计。但是在我国高校管理中，审计部门被长期忽视，没有用武之地，没有认真履行其应尽责任，导致高校无法及时准确了解资产真实经营状况，致使高校资产使用效率低，资源配置不合理，资产逐渐流失。

3. 清产核资和资产评估工作不完善

高校内部应该定期对资产管理进行清产核资工作，这是公司资产管理中最基本的程序。通过定期的清产核资可以使公司对资产状况有全面系统和比较准确的掌握，以便及时发现问题并采取相应对策解决问题。但是，由于高校管理层长期忽视资产管理，本应该定期进行的清产核资工作一再被搁置，资产运营过程中的各种问题不能及时被发现，不合规活动频繁发生，资产流失状况严重。

资产评估工作能够客观、全面地评估高校资产的实际价值。由于资产评估工作建立在常规性的清产核资基础上，清产核资的搁置也就意味着资产评估工作不能照常进行。也就是说，没有清产核资，资产评估无法进行。但是，清产核资之后应该开展资产评估工作，因为通过资产评估有利于发现资产经营公司资产的真实价值，保护高校权益。

4. 领导决策缺乏科学性，学校各部门共同参与程度不高

在高校的行政管理体制中，没有一定的激励约束以及惩罚措施，因此高校管理人员的工作积极性并不高，而且由于资产管理专业人员的缺失，导致高校资产经营方面的决策失误常常发生。在没有经过详细论证与集体讨论的情况下，盲目创办校办企业或者盲目投资，通常以失败告终。除此之外，本应负责监督职能的部门不作为，不积极参与资产经营管理，不能行使应有的监督职责，使决策方盲目决策，造成高校资产流失。

5. 缺乏资本运作能力

高校的主要目标是完成既定的教学与科研任务，在资产的经营管理方面缺乏富有经验的管理人员，大部分情况都是直接由学校现有行政管理人员直接负责，而这些行政人员通常并不具备相关的能力，会直接导致高校资产经营状况不良，使利润率低下，还可能导致资本流失。

（二）高校资产经营监督体系

为了规范高校资产经营公司的运作，加强有效管理，实现资产的保值与增值，需要建立科学合理的监督体系，包括以下几点：

1. 明确高校资产经营公司的职能

《教育部关于积极发展、规范管理高校科技产业的指导意见》（科技发〔2005〕2号）和《教育部关于高校产业规范化建设中组建高校资产经营有限公司的若干意见》（科技发〔2006〕1号）规定，高校必须将自己原有校办企业中的经营性资产全部抽离，由高校自己依法建立的资产经营公司经营管理，而学校不能再进行校办企业直接投资等活动，因此根据这两份法规，高校资产经营公司应该明确自己的职责，制定符合公司发展目标的资产经营计划与管理制度，实现资产保值与增值。

2. 建立高校与企业间的"防火墙"

高校资产运营不能再由高校自身承担，所有权与经营权必须分离，资产所有者与资产管理者分离，高校作为资产所有者不再负责资产的经营管理，而是转变为资产经营管理的监督主体。资产经营

公司开始负责资产的保值与增值任务，代替高校成为高校资产的经营管理主体，直接负责资产的各项投资工作。原有的校办企业也在核资清产与资产评估工作完成后由高校管理部门移交给资产经营公司，这意味着公司的独立经营，高校不再经手资产的经营活动，只负责监督工作，相当于在学校与资产经营公司之间构建一道"防火墙"，保护高校免受经营不利等风险威胁。

3. 清产核资应该为常规工作

目前高校资产管理监督工作中清产核资并没有成为一项常规性的工作，这不利于公司合理地管理资产，因为清产核资作为资产经营管理中一项最为基础性的工作，能够使管理层全面科学地掌握有关资产的全部信息，可以明确资产各个相关利益方的权责。清产核资工作的缺失会导致管理层对于资产管理实际状况的误认与忽视，极有可能造成资产流失，因此资产管理的相关部门以及资产经营公司有必要认真进行清产核资，在清查中发现问题需要及时反馈与调整，避免资产流失。

4. 定期开展资产评估工作

随着时间推移，资产由于货币的时间价值、物价变动等影响，很有可能会造成实际价值的改变。高校资产在进行经营活动之前会进行准确的资产评估，但并不是意味着以后可以放松资产评估方面的工作。高校应该建立定期对资产进行评估的机制，根据实际情况准确评估资产的实际价值，发生账面与实际情况不符时应及时修正，这样才能确保资产的实际价值始终是真实水平，保证所有者权益不受损害。

5. 界定产权

必须按照国家法律法规，确定资产的所有权、使用权、控制权、剩余索取权等一系列权利，科学合理界定资产产权。保证资产投资与经营的顺利进行，保证资产所有者的合法权益。

6. 建立健全科学决策机制，发挥监督功能

只有在科学决策的前提下，高校资产运营才能够正确顺利进行，从而确保资产保值与增值，为高校的长远发展提供资金与物质支

持，因此科学合理的决策机制十分重要。建立科学的决策机制，不仅要提升管理层的决策能力，还要建立一定的追责机制，当管理层决策失误时需要有一定的追责制度，这样才能减少失误决策。同时要全面发挥群众的监督作用，预防决策失误，造成资产流失。

7. 建立健全高校内部资产管理制度

根据国家的相关法律法规规定，高校应该设立相应的部门，严格监督高校资产的经营管理工作，对资产的经营范围、活动种类、投资量度等方面严格控制在高校可承受的范围内，杜绝高风险的投资活动，保证高校资产的安全性。同时，也应该建立健全高校资产经营绩效评价体制，严格衡量资产管理的绩效，将资产管理绩效与资产经营公司管理者的薪酬挂钩，以激发公司管理层与经营者的工作动力。

8. 提高资产管理和运作效率

由于高校在社会中的独特地位与所承担的特殊任务，使高校在市场经济的生产经营中处于劣势地位。如果校办企业采用与普通企业相同的方式从事生产经营，极有可能会造成企业资产的流失，最终导致破产清算，因此高校与企业必须脱离，让企业有独立的决策权与经营权，由具有独立法人资格的经济实体掌控经营权。

二　高校资产经营绩效审计

（一）高校经营性资产审计含义

在《内部审计实务指南第 4 号——高校内部审计》第六十六条对资产审计有详细说明："资产审计是对资产的真实性、合法性和效益性进行审查和评价。"其中，真实性是指记录在有关账簿及会计报表的资产真实存在，且资产的增减变化、往来账款及业务等信息真实、完整；合法性是指资产的管理、变动在实体上和程序上合法合规；效益性是指通过对资产价值的评估判断资产利用的效率和保值增值情况。但是，该条对高校资产审计的具体审查和评价内容描述较少，仅在"审计内容"条款中对"对外投资"的审查和评价有具体规定。

（二）高校资产审计现状

1. 高校资产审计现状

高校资产包括高校所有形态的资产，实践中均涉及资产的真实性、合法性和效益性问题。当前高校资产审计的情况不容乐观，包括国内知名高校在内的绝大部分高校在资产审计方面都有不足，常见的问题可以归纳为：以经济效益甚至单纯的财务收支替代高校资产审计；审计覆盖范围不足，只覆盖校内部分资产；部分高校没有开展资产审计工作；大部分高校缺少专业人才和管理系统。

2. 原因分析

（1）对资产审计没有充分认识，主要是高校对资产审计的意义、内涵、重要程度和资产经营中存在的风险没有充分的认识。

（2）现行相关规章制度对高校资产审计工作的规定不全面。现行的内部审计规章制度，如《审计署关于内部审计工作的规定》、《教育系统内部审计工作规定》和《内部审计实务指南第 4 号——高校内部审计》等均没有对高校经营性资产审计的相关概念进行具体的规定或描述。

（3）重视程度不够。作为新开展的专项工作，高校资产审计的地位与作用尚未得到高校管理层重视。

（4）进行审计工作的人力资源不足。高校内进行资产审计的人力资源在数量和质量两方面往往都存在不足。数量方面，高校内相关专业人员较少，人员的缺乏又造成在进行资产审计工作和相关学习时投入的时间精力不足；质量方面，高校资产审计涉及的知识较为庞杂，在专业知识以外，审计人员不仅要了解法律规章，包括企事业法规、财政预算法规及党纪政纪规定等，还要掌握一定的经营管理知识，因知识的缺乏导致审计人员难以胜任专业的高校资产审计工作。

（三）应重视高校资产审计工作

我国高校众多，高校与高校之间规模、层次区别明显，各高校资产的规模、形式也区别甚大。有些高校资产规模巨大，有些规模很小；有些高校资产及资产经营形式多种多样，有些高校则比较单一。然而，只要有高校资产存在，高校的内部审计机构就应当进行高校资产审计的专项工作。结合目前实际，应该加强以下工作。

1. 充分了解本校资产情况

在进行高校资产审计工作之前，首先应当切实掌握本校资产具体情况，包括高校资产实物资料、对基层资产实物具有管理或使用权限的各部门基本情况、本校货币资金情况及投资和收益情况、本校资产的经营方式及经营形式、本校资产经营管理机构的组织形式及运营状况等信息。

2. 学习相关法律、规章制度

高校资产审计工作的开展离不开对相关法律和规章制度的学习、理解。对资产的合法性进行审查评价以及资产审计工作本身的合法性，都需要对相关法律和规章制度的掌握和熟练运用。这些法律和规章制度包括高校资产管理的法律和规章制度；高校资产经营环节的法律和规章制度，如《公司法》、《财政票据管理办法》及其他财政和税务法规等；高校资产在受益分配时遵循的法律法规；高校资产在经营时涉及所属行业的情况和法律规章等。

3. 了解资产相关制度

一是应掌握本校财务管理制度、资产经营管理体制等制度环境，了解资产管理机构的组织架构及部门岗位职责；二是应收集整理本校关于资产经营的相关政策和规章制度，包括管理层公布的政策、会议纪要等。

第三节　高校资产经营管理内部控制研究

一　高校资产经营管理内部控制意义

（一）内部控制定义

企业经营管理过程始终面临来自企业内部、市场、政府和不可抗力等不同维度的风险，这些风险因素可能给企业的经营管理带来较大的损失。为了避免类似风险的出现，企业必须建立一整套完善的风险管理体系，以达到控制风险、降低损失的作用。高校资产经营公司作为高校资产的委托经营机构，决定了高校资产经营公司在进行高校资产运营过程中也要遵循一般企业的风险管理要求，建立严格的内部控制体系，从而实现对高校资产的保值和增值的经营目标。

内部控制是指单位为了保证业务的有效进行，确保资产的安全与完整，防止、发现、纠正错误与舞弊行为，保证会计资料的真实、合法、完整而制定和实施的政策与程序。内部控制包括五方面要素：控制环境、风险评估、控制活动、信息与沟通、监督。其中，控制环境除了说明组织机构之外，更关注于"人"的因素，这是其他因素构建的基础；风险评估和控制活动是对企业经营过程中可能存在风险的识别、分析和防范等的具体措施；信息与沟通是内部控制制度的沟通反馈渠道，包括信息收集机制、信息反馈机制等；监督是对企业控制活动进行评价和监督。以上五个因素相互联系、相互制约和配合，形成企业完整的内部控制系统。

高校资产经营公司作为高校公有资产的受托经营方，其自身的业务开展均围绕高校资产的保值进行，其经营过程除了具有盈利的要求之外，还具有避免国有资产流失的底线，这就构成高校资产经营公司在资产经营行为中的风险厌恶倾向，所以良好的内部控制体系是高校资产经营公司良好运作的内在要求，控制环境、风险评估、控制活动、信息与沟通、监督这五大内部控制体系的要素在高校资产经营公司中必然缺一不可。

（二）内部控制体系意义

1. 内部控制体系是高校资产经营管理走向现代化公司治理的门槛

就公司法人而言，我国《公司法》规定，企业法人组织必须构建良好的财务管理结构，并对企业自身的运作过程提出较为严格的内部控制要求。就上市公司而言，我国对其内部控制体系提出更高的要求，财政部、证监会、审计署等五部委于 2008 年 5 月 22 日发

布《企业内部控制基本规范》（财会〔2008〕7 号），并于 2009 年
7 月 1 日起在上市公司范围内实施。之后，为了促进企业内部控制
的建立，规范会计师事务所对内部控制的审计行为，财政部等五部
委根据国家相关法律和《基本规范》制定了《内部控制应用指引第
1 号——组织架构》等 18 项应用指引、《企业内部控制评价指引》
和《企业内部控制审计指引》（合称"内部控制配套指引"），要求
自 2011 年 1 月 1 日起在境内外同时上市的公司施行，随后扩大到上
海证券交易所、深圳证券交易所主板上市的公司施行，同时鼓励非
上市的大中型企业执行。当前，我国高校自身经营性资产经营管理
改革方向就是引入市场机制，构建以高校资产经营公司为核心的具
有现代委托—代理结构的公司制度，而对于公司治理结构的经营方
式而言，严格的内部控制体系构建成为必需的门槛要求。

2. 内部控制是高校资产经营公司提升市场竞争力的必然要求

内部控制失效而导致的失败是市场竞争中企业面临的最大风险
之一，企业必须通过建立内控体系，化解企业自身运营可能面临的
损失。企业可持续发展的动力来自价值的创造和成本的控制两大方
面，企业价值的创造可以为企业提供增量资源，为企业的发展提供
更为丰富的资源支撑，而成本控制则是以对企业存量资源按优化配
置，通过提高存量资源的使用效率为企业的生存发展提供更为良好
的基础。内部控制体系通过信息反馈、程序纠偏和管理优化的方式
实现机会成本的降低和存量损失的控制，能够为企业的经营管理建
立良好的"免疫系统"，也为企业的持续经营提供动力。我国高校
资产经营公司作为高校资产的实际运作方，其运营目的决定其运营
风格的稳健性，也决定了高校资产经营公司自身通过扩大生产价值
提升自身市场竞争力的动力相对较弱。高校资产经营公司的市场竞
争力主要通过提高自身的生产效率这一个方式进行，这就要求高校
资产经营公司必须在市场经济活动中加深对内部控制重要性的认
识，更要在市场竞争中通过建立良好的内部控制体系，实现自身运
营成本的降低，进一步提升存量资产的周转效率，以高周转、低损
耗的方式加快资本循环过程，实现资产的保值增值。

3. 高校资产经营公司现状要求必须建立科学有效的内控体系

我国高校资产经营公司绝大部分均成立于 2000 年之后，多数是由之前的校办企业转型而来。而校办企业由于其性质和规模的限制，经营管理很大程度上沿袭我国高校传统的计划经济管理模式，难以适应市场经济环境下的资本运营要求，内部制度建设不够规范，难以对自身资产形成有效的控制，导致管理效率不高。这些因素导致现行管理体系在资产运作过程中的低效，并加大了整个公司运作的摩擦成本，因此资产经营公司现有的内部管理制度已难以适应其实现资产增值的要求，需要不断加强和完善内部控制，适应所处的市场环境，增强企业的竞争力，从而规避由内部管理因素而带来的风险。

二 高校资产经营管理内部控制目标

高校资产经营公司内部控制系统是为了提升企业自身的运作效率，降低企业自身经营决策过程中机会成本与存量损失控制，根本出发点则是着眼于充分承担"高校风险隔离墙"与"高校资产经营者"两个特殊的角色定位。具体而言，高校资产经营公司的内控体系建设要实现六大目标：（1）保证高校资产经营公司管理层的各项指令在日常企业经营中能够得到有效执行和日常生产活动的有序开展；（2）保证公司管理层获取信息的真实、可靠、准确，为高校资产经营的决策提供可靠的信息数据，确保高校资产的安全运营；（3）防止高校资产流失，在确保高校资产安全的前提下实现资产的保值增值；（4）降低高校资产经营公司的运营成本，保证其在市场经营中利润最大化；（5）建立高校资产经营公司的风险防范机制，做好风险提前预知，防止事故发生；（6）确保内部制度体系的落实，严格执行企业制定的方针、制度和政策。总体来看，高校资产经营公司内部控制目标可分为三类：一是资产管理活动的有效性和有序性；二是防止资产流失，确保资产安全；三是严抓制度落实，信息准确及时。要达到这些目标，需要公司管理层严抓资产管理各项制度落实，细致研究和抓好经营生产过程。

三　高校资产管理内部控制原则

（一）全面性原则

全面性原则指高校资产经营公司的内部控制应当贯穿决策、执行和监督全过程，覆盖企业及其所属单位的各种业务和事项。

（二）重要性原则

重要性原则指内部控制应当在全面控制的基础上，关注重要业务事项和高风险领域，这也体现成本效益的基本要求。

（三）制衡性原则

制衡性原则指内部控制应当在治理结构、机构设置及权责分配、业务流程等方面形成相互制约、相互监督，同时兼顾运营效率。

（四）适应性原则

适应性原则指内部控制应当与高校资产经营公司的经营规模、业务范围、竞争状况和风险水平等相适应，并随着情况的变化及时加以调整。

（五）成本效益原则

成本效益原则指内部控制应当权衡实施成本与预期效益，以适当的成本实现有效控制。

四　高校资产经营公司内控体系制定与实施责任主体

依照《公司法》规定，高校资产经营公司的唯一股东为所属高校，高校通过成立资产经营管理委员会对高校经营性资产进行管理，资产经营公司的董事会由其指派，负责高校资产经营公司的重大事项经营决策，董事会下设经理层负责公司的日常运营。这样的现代公司治理结构构成了高校资产经营公司较为明晰的责权划分层次。在这一结构下，高校资产经营公司董事会与经理层是资产经营公司自身内控体系的责任主体，并代表资产经营公司整体负责资产经营公司控股企业内部控制制度制定与实施。

资产经营公司应负责组织制定控股企业内部控制制度，并对控股企业内部控制制度的实施进行监督和检查。资产经营公司董事会成员特别是董事长，对本企业内部控制的建立健全和有效实施负责；公司经理负责组织高校资产经营公司内部控制体系的日常运行；财务总监负责组织财务管理活动内部控制的建立健全与有效运行。高校资产经营公司的董事会成员和高级管理人员具有高校成员与企业成员双重身份，受到国家法律、行政法规、公司章程和高校自身的规章制度体系的双重约束，对公司负有忠实义务和勤勉义务。资产经营公司董事会成员、监事、高级管理人员受到高校职业道德和企业职业道德的软性约束，应在企业日常运营中起表率作用，自觉执行企业内部控制制度，并保证企业内部控制制度的有效实施。

五　高校资产经营公司内部控制框架构建

ERM - COSO① 是基于全面风险管理理论的对传统 COSO 内部控制框架的改良，作为现行企业风险管理中普遍使用的一个认知工具，在理论界与实务界得到较大范围认可。从 2008 年开始，财政部等五个部委发布的《企业内部控制基本规范》以及 18 个方面的具体规范，2013 年又发布《事业单位内部控制规程》，这些方面的内控体系建设要求基本与 ERM - COSO 框架的要求相似，因此可以将 COSO 管理框架结合我国具体的国情进行设置，引入到高校资产经营公司的内部控制系统中，对高校资产经营运作内部控制进行探讨。

（一）内部控制环境

内部控制环境指对建立、加强或削弱特定政策、程序及其效率产生影响的各种因素，它是整个内部控制框架的基础，影响组织中人们的内部控制意识。内部环境的构建为其他经营活动提供了规则。就高校资产经营公司而言，由于其是短时间内在旧有的高校校办企业的基础之上通过资产划拨与合并重组构建的公司法人机构，

---

① COSO 是全国反虚假财务报告委员会下属的发起人委员会（The Committee of Sponsoring Organizations of the Treadway Commission）的英文缩写。1992 年 9 月，COSO 委员会发布《内部控制整合框架》，简称 COSO 报告。2004 年 4 月，COSO 委员会在《内部控制整体框架》基础上，结合《萨班斯—奥克斯法案》（Sarbanes - Oxley Act）在报告方面的要求，同时吸收各方面风险管理研究成果，颁布《企业风险管理框架》（Enterprise Risk Management Framework，ERM）。

其内部人员的身份定位具有多层重叠性，就会导致自身管理上具有体制内外双轨制的存在，这也就导致其内部环境普遍具有一定的转轨色彩。因此，高校资产经营公司在整个风险管理的过程中应注意内部环境的建设，通过良好的内部环境的构建，影响资产经营公司运作的内在逻辑，提升风险管理体系的成效。内部环境建设包括经营风险管理理念、经营风险承受力、内部组织架构科学性、人力资源对于风险管理的匹配度等。

（二）经营目标设置

高校资产经营公司作为高校体制改革的核心内容，面临较多的宏观要素与自身快速发展带来内部风险因素的双重影响，因此在进行风险识别之前，需要对兼具市场经济法人与事业单位资产委托经营人的高校资产经营公司有一个特殊的定位和清晰的认识，在确保高校资产安全、防止国有资产流失、实现高校与经营性风险隔离的基础上，实现资产的增值。高校资产经营公司的管理层应该立足于高校资产经营公司的特殊定位，针对不同的目标设定建立符合企业自身经营理念、风险控制能力的风险控制流程，可以对目标按照企业战略层次、运营层次、项目合规层次等进行划分。

（三）风险识别

未来经营事项的不确定性决定风险管理意义。高校资产经营公司在日常运营中需要就经营活动所面临的事项进行准确的风险识别。可以使用 SWOT 分析工具①、PEST 分析工具②等风险管理理论提供的风险识别方法对面临事项进行有效识别，从而能够抓住机遇、回避风险。

（四）风险评估

风险评估包括判别和分析完成目标过程中的内部或外部风险，

---

① SWOT 分析是分别按企业优势（Strength）、劣势（Weakness）、机会（Opportunity）和威胁（Threats）等因素，对企业内外部条件各方面内容进行综合和概括，进而分析组织的一种方法。

② PEST 分析指宏观环境的分析，P 是政治（politics），E 是经济（economy），S 是社会（society），T 是技术（technology）。在分析一个企业集团所处背景时，通常是通过这四个因素进行分析企业集团所面临的状况。

包括风险识别和风险分析。高校资产经营公司日常经营活动中的风险主要来自于经济环境、规章制度、经营环境的不断变化，因此必须建立能够适应变化的市场条件产生相应风险的机制。风险评估是对风险的识别、计量、分析的一个过程，风险评估的结果决定风险管理措施的使用。当风险识别过程完成之后，就应该进行风险评估过程，此时高校资产经营公司管理层可以按照风险评估的结果组织风险管理的手段，从而实现风险回避、损失控制。COSO 管理框架理论建议从固有风险和残存风险的角度来看待风险，对风险影响的分析则采用简单算术平均数、最差情形下的估计值或事项分布等技术进行分析。在实际运用中，高校资产经营公司可以结合成熟的公司风险管理中常用的风险评估的方法，主要分为定量分析和定性分析两种，可根据不同的风险目标确定相应的风险评估方法，实现成本最低情况下的效益最大化目的。

（五）风险应对

风险管理理论提供了风险回避、损失控制、风险分散与风险自留四大基本处置手段。完成对风险要素的识别与评估之后，高校资产经营公司的管理层在日常内部控制中可以按照成本效益分析原则，考虑风险事项对企业的影响，采取能够保证高校资产经营公司利益最大化的风险管理措施。

（六）措施控制

措施控制是指保证管理目标得以实现而建立的政策和程序，包括范围的设定、授权、核实、协调、经营业绩的考核、资产安全和职责划分。控制活动能够针对企业目标完成过程中的风险采取必要行动，贯穿于整个组织的各个层次和各个部门。措施控制是对于风险管理措施实施过程的执行与纠偏控制，以确保风险管理措施的有效性。措施控制由一系列活动构成，如批准、授权、验证、调节、经营业绩审核、资产安全以及职责分离。高校资产经营公司可以结合具体的经营环境参照现行的成熟的措施控制经验，结合风险应对手段和风险管理目标制定相应控制措施体系。

（七）信息反馈

信息反馈是指企业内部各部门的人员必须能够取得他们在执行、管理和控制企业过程中所需的信息，并交换这些信息。信息反馈渠道提供包括经营、财务等方面信息的报告，作为经营和控制企业的依据。它不仅要处理企业内部的有关信息，还要提供与企业制定决策有关的外部信息。信息反馈渠道的建设十分必要，企业的日常管理决策是基于大量信息基础之上。信息反馈渠道的另一要点就是沟通的实现，在风险管理过程中信息反馈能够实现不同层级人员的有效沟通，管理层就能更好地行使其监督职能，从而使风险管理措施能够切合实际，并实现效果的最大化。高校资产经营公司在自身制度建设中高度重视信息的收集反馈途径建设，最大限度地消除信息不对称，实现组织内外部的有效联络沟通，避免因信息扭曲造成的决策失误。

（八）效果反馈

效果反馈是指评价控制系统的运行质量，以方便对内部控制的运行进行改进。风险管理措施的实行必须建立效果评价机制，这是对风险管理各个阶段的一个有效的监控。效果评价机制贯穿于风险管理的全过程，通常包括过程执行的效果反馈与风险管理措施效果反馈。高校资产经营公司可以将效果反馈机制与绩效考核机制挂钩，增强评价反馈机制的激励效果，实现监控手段的有效性。

COSO框架下的上述八大要素相辅相成，缺一不可，共同构成高效的内部控制的整体框架。COSO报告极大地促进和丰富了内部控制实践活动，给理论界、实务界以广泛、深刻的启示，也为内部财务控制的理论和实践提供了重要的理论依据。高校资产经营公司的内部控制体系可以参照现行的COSO框架进行设计，并在COSO框架的普遍性基础之上，结合自身的具体情况进行适应性修改，从而建立起符合实际的高校内部控制机制。

六 高校资产经营公司内部控制措施要点

高校资产经营公司内部控制体系需要从内部管理制度建设、财务制度建设和重大事项决策制度等方面构建。

（一）内部管理制度建设

高校资产经营公司的内部管理制度建设包括自身内部管理制度建设和控股公司内部管理制度建设两大方面。就高校资产经营公司自身的内部管理制度建设而言，应该严格依据《公司法》等相关法律法规要求，建立和完善公司法人治理结构，建立现代化的公司治理机制架构，结合我国高校实际情况，进一步完善以资产经营管理委员会、公司董事会、公司经理层为核心的管理结构，以市场化改革为导向进一步明确资产管理委员会对于公司董事会人员的选拔机制，建立职业经理人的市场化选拔机制，加强内部监察制度的建设，并明确不同层级相互之间的权责边界，使其各司其职、各负其责，降低委托—代理机制内在风险。就高校资产经营公司控股子公司而言，高校资产经营公司应该依据《企业内部控制基本规范》建立统一的内部控制体系，为高校资产经营公司控股子公司的经营活动建立约束框架。资产经营公司对控股企业的董事、监事及其他高级管理人员实行委派制，派出的人员按照章程和制度规定，代表资产经营公司行使权利、承担责任，对控股企业的经营运作进行有效监督。控股企业应该及时对自身重大事项和财务状况上报资产经营公司审批。

（二）财务制度建设

财务控制是企业内部控制核心点之一，高校资产经营公司内部的复杂性更是要加强对内部财务控制制度的建设。高校资产经营公司是在原有高校校办产业的基础之上通过资产划拨与重组组建的企业法人机构，是高校资产经营规模扩大化发展的必然产物，这就客观上导致了公司内部复杂的关系结构，这些关系的理顺也是非常复杂的问题。在这样的历史与现实条件下，高校资产经营公司如何构建符合自身状况的财务控制体系，实现企业财务控制主体的合理划分，企业财务控制的责权明确，以及财务监管的到位运行，成为较为棘手的问题。就资产经营公司自身而言，资产经营公司应该参照现行的财务管理系统，结合自身特殊定位，以较为稳健的投资经营方式设置相应的财务指标体系，并在实际经营中严格执行。就资产经营公司控股子公司而言，资产经营公司身为母公司，由其出资成立下属子公司，因此自身投入资金的安全性以及投资回报成为母公司考虑的核心要点。为了实现资本的保值增值，必须由母公司主导建立有效的财务控制系统来实现这一目标，即财务控制体系的主体必须是母公司。在明确财务控制主体之后，资产经营公司内部应该理顺母子公司之间财务系统关系，出台完善的财务制度，建立完善的会计信息网络，构建完善的资金监管制度，只有这样才能够从基础层面上保证资产经营公司的有效治理，保证资产经营公司投入资本的安全。只有从根源着手建立财务内控制度，保证整个系统内部不同层级之间财务目标的一致性，才能够良好地协调系统内部不同利益主体的关系，才能够维护资产经营公司的整体利益。

（三）公司重大事项决策制度建设

1. 对外投资

高校资产经营公司应该成立专门部门，对企业对外投资事项进行全面可行性研究，履行对外投资事项的全程监控职责，对对外投资项目的变动必须及时向公司管理层（资产经营公司经理和董事会成员）汇报。资产经营公司经理层要严格履行自身宏观把控的职责，密切注意对外投资项目的进度与盈亏状况，若出现投资项目异常情况，应及时向高校资产经营公司董事会汇报，甚至报送高校资产管理委员会进行决定，并及时启动纠偏机制，严格问责，维护高校资产的安全。

2. 资金借贷

资金借贷必须合规进行，经资产经营公司经理层之后，报高校资产经营公司董事会批准实行，数额巨大超出董事会权限之外的资金借贷行为必须经由资产管理委员会行使最终的决定权。财务部门根据资金借贷的数额、使用途径等具体指标考量选择最低财务成本的方式支付资金。财务部门应严格遵守财务纪律对日常财务活动进行实时监管，并定期编制资金使用情况报告，向公司经理、董事会和高校资产管理委员会报告。

3. 对外担保

对外担保按照权限划分应该由高校资产经营公司董事会决定，重大担保事项仍由高校资产管理委员会审批。资产经营公司及控股企业原则上不得对非同一利益主体的单位提供担保。对外担保业务必须建立在对被担保企业的经营状况、财务状况、资产状况、企业信用、行业竞争力等情况的充分了解之上。担保业务开展之后，被担保人的情况必须由担保企业派出专人了解，若被担保企业出现重大利空事项，按照利空重要程度分别对资产经营公司经理、资产经营公司董事会和高校资产管理委员会报告，同时及时进行损失控制，维护高校资产的资本安全。担保事项到期之后，资产经营公司应积极促使被担保人完成债务偿付，并及时解除担保。若被担保人出现债务违约，高校资产经营公司则需要及时采取风险处置措施。

4. 风险预警

高校资产经营公司必须严格执行风控体系相关要求，尽可能实现对风险要素进行前置识别、前置预警。在公司日常风险管理中可以利用常用的财务指标体系并结合专门的风险识别控制方法构建企业风险控制机制，并合理设置预警标准，对高校资产经营公司及其下属的控股子公司的财务状况实施进行动态监控，防止出现财务风险。

5. 对非控股企业的控制

就非控股企业而言，高校资产经营公司对其不形成控制，因此自身财务控制体系无法对其产生作用，因此可以按照法律规定，定期获取非控股企业财务报表，掌握其经营活动信息，并通过定期派遣人员对其进行财务审计，尽量减少双方的信息不对称，依法维护公司的资产安全。

6. 内部监察

高校资产经营公司要建立较为完善的内部控制制度，并设立专门内部监察机构（可以结合高校自身的内审系统进行组建），通常为内部审计机构，通过赋予其相应的权限，并制定科学严谨的程序方法，定期实施内部控制制度的检查，不断提高企业内部控制水平。内部监察可以分为常规监察与专项监察，公司内部的内审机构按照公司规定定期对公司内部运营活动进行常规监察，对于发展的问题可以采用专项监察的形式进行。

七　高校资产经营公司内部控制体系建设

针对我国高校资产经营公司内控体系的现状，基于高校资产经营公司性质和管理模式落后的特点，高校资产经营公司的进一步市场化改革可以从以下几方面进行具体的完善。

（一）完善治理结构，增强风险意识

现代企业制度的治理结构形式一般包括股东大会、董事会、监事会、经理层，各层级之间的利益差异形成有效的制衡机制。高校资产经营公司，只有学校一个股东。设立资产管理委员会代表高校行使出资人的责任权力，对经营性资产进行监督管理。而在一人有限责任公司中，一人股东往往同时兼任董事、经理，从而实际控制公司，难以形成有效的制衡机制，影响企业决策的同时还会侵害少数人的权益。高校资产经营公司中资产管理委员会、董事会、监事会以及经理层的成员均由学校委派，代表学校利益，失去所有权、经营权、监督权这三权分立、互相制衡的积极意义。同时，资产管理委员会作为学校出资人的代表往往由学校校长及各部门领导组成，行政色彩浓厚，所有人的意见都倾向于出资人，这就使得企业法人的独立自主权难以真正实现。董事会是企业的决策机构，基本上由学校财务、科研、资产等部门的领导担任，相关的专家不多，职工代表基本没有，不但难以摆脱学校的行政干预，行政领导也缺乏市场经验，长此以往必然会制约企业的发展。

因此，可以从三个方面对其进行改革：首先，资产经营公司应当在公司章程中明确各层级治理机构权利和职责，合理划分资产管理委员会和董事会的职权范围。其次，建立市场化的选人用人渠道体系，通过构建相对独立于高校的人员体系，逐步削减资产经营公司内部人员结构的复杂程度，提升管理效率，通过聘用专家对资产经营公司的经营管理进行指导，提升资产经营公司经营管理的专业化程度，同时增加一定比例的职工代表，维护资产经营公司的自身

定位。最后，强化内部审计机构的监督权力，避免内部监督形同虚设。

（二）健全预算管理制度，加强学校监管

高校资产经营公司自身以及对控股公司的内部控制，其中非常重要的一点就是要统一制定控股企业的内部控制制度。全面预算是指企业对一定期间经营活动、投资活动等做出的预算安排，是企业实施内部财务控制、防范风险的重要手段和措施，也是企业实现发展战略和经营目标的有效手段和工具。

高校资产经营公司应健全预算管理体制，建立专门预算管理部门。在高校资产经营管理委员会授权之下，董事会下设预算管理委员会，其主要职责包括（1）制定预算管理的政策、措施、办法、要求等；（2）拟定预算目标，确定预算目标分解方案；（3）下达经批准的正式年度预算；（4）协调解决预算编制和执行中的重大问题。预算管理委员会是全面预算管理的决策机构。预算管理的日常工作是，拟定预算管理制度并负责检查制度的执行与落实，拟定年度预算总目标分解方案及有关预算编制程序、方法的草案，并报预算管理委员会审定。预算的执行单位，需要提供编制预算的各项基础资料，编制和上报本单位的全面预算，将预算指标层层分解，落实到各部门、各环节、各岗位。针对资产经营公司，一是建立健全的预算执行考核制度，定期考核，做到有奖有罚，奖罚分明。二是应合理界定预算考核的主体和对象，做到执行与考核相分离，并逐级进行考核。三是应设计科学的预算考核指标体系，考核指标的设计要以定量为主，定性为辅。考核指标还应尽可能地明确、清晰，具备可达到性和可控性。四是对于预算考核的程序、标准、结果，应客观、公正、公开、公平合理地执行奖惩措施。

（三）有效控制信息传递，提高经营管理效率

内部信息传递是企业内部各层级之间通过内部报告形式传递企业生产经营管理信息的过程。高校资产经营公司应加强内部报告管理，全面梳理内部信息传递过程中的薄弱环节，建立科学的内部信息传递机制，明确内部信息传递具体要求，关注内部报告的有效

性、及时性和安全性，促进内部报告的有效利用，充分发挥内部报告的作用。结合企业内部信息传递应用指引的要求，资产经营公司可以从几大方面着手进行相应改革。

1. 通过内部报告指标体系的建立满足经营决策、业绩考核、企业价值与风险评估的需要

资产经营公司应认真研究其发展战略、风险控制要求和业绩考核标准，根据各管理层级对信息的需求和详略程度，建立一套级次分明的内部报告指标体系。内部报告指标确定后应进行细化，层层分解，使企业内部的各责任中心及各职能部门明确自己的目标，以利于控制风险并进行业绩考核。同时，内部报告还应依据全面预算标准进行信息反馈，保障对预算执行和企业资产、收益的有效控制，实现管理的协同效应。

2. 建立严密的内部报告流程

高校应该充分利用信息技术，将内部报告纳入企业统一信息平台，强化信息的集成与共享，构建科学的信息传递网络体系，提高信息传递的及时性。

3. 建立信息反馈机制

高校应畅通信息的反馈渠道，及时获取反馈信息，为公司制定的各项决策和计划提供评价依据。

（四）加强财务管理，健全财务监督制度

1. 区分高校与资产经营公司财务制度

资产经营公司的存在就是在高校与市场之间形成一道"防火墙"，防止学校承担连带责任，所以应严格区分学校的资产和资产经营公司的资产，确保资产经营公司的独立。

2. 按经营计划制定财务预算管理目标

资产经营公司子公司将各自初步预算上报母公司，并由母公司进行审议形成决议，再将最终预算指标层层细化下达至子公司。在预算执行过程中，定期对财务报表进行分析，出现差异应根据情况上报并进行适当调整，从而确保财务预算目标的顺利完成。

3. 建立高校资产经营公司财务分析制度

健全公司财务制度，不仅要建立内部稽查和内部牵制制度，还要建立财务分析制度，确定财务会计分析的主要内容、财务会计分析的基本要求和组织程序、财务会计分析的方法和财务会计分析报告的编写要求等，使企业掌握各项财务计划和财务指标的完成情况，有利于改善财务预测、财务计划工作，研究和掌握企业财务会计活动的规律性，不断改进财务会计工作。对于与子公司之间的重大财务事项，还应建立完善的内部审批制度，对于重大事项要及时报母公司审批、备案。

（五）加强人力资源管理，重视人才引进

人力资源已成为促进经济发展的第一要素，也是企业的可支配资源中最具有能动性。企业间一切竞争，归根结底是人才的竞争。如何解决高校资产经营公司内部高校行政身份人员与市场化机制引入的人员之间的双轨制矛盾，进一步理顺公司内部人员结构，降低资产经营公司运营的摩擦力，形成结构良好、实用高效的人才引进与培养体系，成为高校资产经营公司面临的重大挑战。高校资产经营公司需要建立相对独立于高校行政体系的员工队伍，需要构建畅通的市场化选人用人渠道和与之配套的市场化的薪酬激励机制，通过市场化方式引入高端急缺人才，提升企业员工群体的专业素质，形成除了传统的"管理"人员和高端"经营"人才共存的人才队伍，还要实现高校资产的保值基础之上的进一步增值。在高校资产经营公司控股公司人才队伍建设上，子公司的董事和监事应当由资产经营公司委派，母公司应参与子公司总经理及财务主管的选拔。对公司高级管理人员的业绩考核，要实行年度考核与任期考核相结合、过程考核与结果考核相统一，还应将绩效考核与薪酬挂钩，切实做到薪酬安排与员工贡献相协调，建立良好的人才激励约束机制，做到以事业、待遇、情感留人与有效的约束限制相结合。

第四节　高校资产经营管理
信息披露研究

一　高校资产经营管理信息化研究

为提高高校资产的管理水平与能力，应采取最新的网络化管理模式，需要建立高校资产信息化系统。在信息化系统内，是以网络管理为基础，授权与分权两种模式同时使用的方式，对高校资产进行信息化管理，这样可以更加高效地利用高校内有限的资源为师生以及社会服务，同时促进资产的增值与保值，为高校的长远发展打好基础。

（一）高校资产管理分权管理模式

在新公共管理理论中指出，为了提高管理效率，政府可以在管理过程中减少管理层次，将单一的多层集中管理制转化为授权或者分权的管理制度，而在高校资产管理中这一理论同样适用。随着经济社会的发展完善，科技进步以及各种因素的不断发展，高校资产管理的范围也不断扩大，内容不断增加，管理部门也越来越繁杂，管理难度深度与广度较之以前都有很大变化，因此为了提高管理效率，高校必须引进新的管理模式与管理体制，其中分权与授权管理正是经过检验成熟有效的新管理方式。

由于各种因素的变化影响，高校资产管理逐渐由单一的多层集中管理过渡至分权管理，这是因为各个管理部门之间的最终目标不同，可以采用不同的手段与方法进行分层管理，高校师生、各个部门、各利益相关者都应该得到相应的充分授权，使用网络化的管理手段，突破以前低效率的管理模式，优化资产管理模式，提高资产利用效率。

（二）高校国有资产信息化管理体系流程

为了提高高校的资产管理效率，就需要构建信息化管理系统，通过信息化管理中各个分系统，例如资产网上申报系统、资产网上竞价采购系统、大型仪器设备信息共享系统等类似的系统，有针对性、有目的性地通过各类信息来源渠道以不同形式，将各种有关资产的信息共享给全校师生与所有利益相关者，使所有人都轻易获取自己需要的信息。由于减少了一些烦琐的过程，使信息获取更加快捷简便，有利于提高资产的管理效率。

信息化管理体系建立应该以资产实物管理为依托，充分利用网络技术这一便捷工具，通过网络信息对资产的各项经营活动密切监视，例如资产的买入卖出、使用、维修、出租等活动，由此可以收集到及时准确的相关信息，提高资产管理效率。

（三）高校国有资产信息化管理体系意义

1. 通过资产信息化管理体系，可以在有关设备资产的管理方面更加严格

由于在信息平台中，信息公开且各方可以共享，有助于管理层更加科学合理的决策，另外杜绝了在资产管理方面的腐败问题。由于资产管理信息化，有关内容都公开展现，因此监督更加方便，有利于廉政建设。

2. 资产信息化管理体系有助于节约人力资本

资产管理信息化体系的建设需要大量的计算机与网络等高级仪器，引进这些仪器也就意味着在资产管理中一些程序化、重复化的工作都可以交给设备完成，节省人力时间，使相关管理人员能够有时间处理不能由设备处理的非程序化活动，例如数据分析等。通过减轻工作人员的工作量，可以提高管理人员的工作质量与管理效率。

3. 资产信息化管理有助于实现公共资源共享

高校资产是准公共产品，具有非排他性，这就意味着公共群体中的个人都有权利使用这些公共资产，这些资产与每个人都有一定的关系，因此，资产信息的公开已经成为社会发展的趋势与必然结果，有关公共资产的管理信息在网络中公开，有利于每个人行使权利对其活动进行监督纠正。

二 高校资产经营管理报告制度

高校资产经营管理报告除了公司必需的财务会计报表以外，还

应该包括高校资产经营公司的年度决算报告、相关重大事件的报告、专项工作报告等。公开这些信息，有助于高校的管理层全面准确地了解高校的总体信息，可以对有限资源合理利用，改善资源的优化配置，使每一个有关学校发展的决策更加合理科学化。

（一）高校资产经营报告的必要性

由于高校自身发展需求以及教育科研等方面的资金需求，导致高校的资金缺口越来越大，因此除了高校内部的企业提供一定的资金需求外，有些高校仍需要向外借款满足自身发展的需要。目前高校负债比率普遍呈上升趋势，政府划拨资产所占比例相对减小，而高校在社会公众方面的支出却不断增加，而由于信息不对称性的存在，高校资产使用效率降低而且资源配置不够合理，造成资产流失与资源浪费。为了解决这一问题，新公共管理给出了理论支持，高校资产经营公司公开披露各项活动，如年度决算报告、重大事项报告、专项工作报告以及公司财务会计报告，能够使高校以及社会各界的利益相关者对高校资产经营状况有全面详细的了解。

（二）高校资产经营管理报告制度内容

高校资产经营公司生产经营以委托—代理理论为基础，资产经营管理报告制度应可以委托—代理理论为依据。以高校资产各利益相关者的目标为基础，从财务以及非财务两个角度进行报告披露，因此高校资产管理绩效报告制度的设计应该从以下几点着手。

1. 从政府角度分析

政府是高校资产经营公司相关信息报告十分重要的使用者。一方面，政府在社会管理中充当将有效的资源合理分配给各个部门与单位的角色，需要制定合理的资源配置决策；另一方面，政府除了制定策略也要实施策略行使权力，政府有义务也有必要为教育配置充足资金保障其长远发展。除此之外，政府还是高校资产最大、最主要的所有者，因而需要密切关注高校资产的经营状况与使用效率、保值增值率、收益率、社会满意度、人才贡献度和高校科研成果产业化程度等一系列反映高校资产利用情况以及高校对社会贡献反馈的衡量指标。换言之，政府需要关注一切可能造成高校资产变动的公司经营活动，例如公司的重大决策、对外投资决策、预算、年度决算等一系列将运用到高校资产的活动，政府需要密切关注这些活动报告审查是否合规使用资产，以及是否对资产有威胁性，并且根据财务报告中的一系列指标判断公司盈利能力以及未来发展潜力，衡量公司负责人的能力水平以及是否科学有效地利用高校资产。高校同样也是高校资产的所有者，从高校角度来看，对于资产经营报告的需求基本与国家相同，在保证高校能够完成正常的科研与教学任务以外，高校资产经营公司有责任为高校提供长远发展所需的资金与物质支持，这就意味着公司的经营活动必须是以公司资产保值增值为前提，高校在利益的驱动下需要密切关注资产经营活动的各项报告，确保资产的安全性以及公司管理层决策的重要性。

2. 从债权人角度分析

债权人所以会向高校提供借款或者与高校进行项目合作，都是基于自身利益角度，是以盈利为基础。以向高校提供贷款的银行为分析对象，银行向高校提供贷款并不是单纯响应国家政策号召支持社会高等教育水平发展这么简单的意义，更重要的是为了自身的未来盈利以及为了提高自身贷款的质量，减少坏账损失。因此，银行为了确保自己的贷款能够及时收回，需要了解高校的各种详细信息，例如高校资产经营公司的财务报表，财务报表是对资产经营管理绩效最直观的反映，根据财务报表中的数据可以观察出公司盈利能力、偿债能力、收支状况以及未来的发展潜力；除此之外，银行还会关注公司内部的决策报告，根据负责人的决策能力判断公司未来发展走向，以及公司的预算决算报告，通过对比这两份报告衡量公司的执行能力以及公司负责人制定发展战略的水平，这些都会影响到公司未来发展情况，从而对公司的盈利收入造成影响。银行综合财务、决策、项目施行等方面的报告，对高校的资产盈利能力、资产使用率、资产科学合理利用、高校长期偿债能力与短期偿债能、公司负责人管理水平，以及公司未来发展潜力多方面综合对高校进行衡量打分，进一步确定优质贷款对象。因此，债权人也是高校资产管理报告制度的重要考虑依据。

三　高校资产经营管理投诉机制

高校资产管理信息公开的法制性，保证了资产管理信息公开的顺利进行，而这一信息公开行为除了让高校资产管理的相关信息更加透明，提高效率，预防腐败的发生，更重要的是为了让社会公众群体或者个人参与到高校资产管理建设的监督中。

有关高校资产经管理举报机制最主要形式为，在社会与校内公开高校与资产经营公司法人代表的身份与联系方式，设立专门的举报电话，定点安装意见箱，定期或者不定期邀请社会各界人士参加召开座谈会，探讨高校资产管理方面的各种意见与问题，征求意见，并对高校资产经营活动等重大决策做出一定的解释。比如，某些高校邀请当地的人大代表、政协委员、教育部门的专家以及各个阶层的市民代表，征询各界对于高校资产管理的意见。同时学校内部应该对信息公开工作及时进行调查，设立专门部门明察暗访，使高校资产管理信息公开工作处于各界监督之下。除了内部监督之外，外部监督也应该被有效利用，利用社会舆论监督，比如广播、电视、新闻和报纸等社会媒体的宣传与监督。此外，还需要通过独立于高校的第三方审计机构，对高校的资产管理信息定期审核，对相关报表进行审核鉴定，更好地监督高校资产管理的各种信息。

四　高校资产经营管理负责人任期考核制度与披露机制

对公司领导进行任期考核，包括考核期、考核指标，重点是如何披露，并与领导的提升、任免挂钩。

（一）考核原则

在设计高校资产经营管理负责人考核机制时应该按照以下原则。

1. 从高校资产经营公司的基本任务与目标出发

高校资产经营公司的基本目标是保证高校资产的保值与增值，以及公司利润最大化与资产所有者权益最大化，并且为高校的教育科研提供持续资金援助，为高校的长远稳定发展提供物质与资金支持。还要遵守企业可持续发展的战略要求这一原则，对企业管理层进行业绩考核，这是对高校资产经营公司管理层业绩考核的首要原则。

2. 针对不同高校建立相应考核机制

各个高校的具体情况各有不同，不同的高校所在不同行业、不同资产规模、资产经营的能力以及生产经营业务的不同，这些都会造成高校资产经营的不同特点，应根据各个高校的不同性质，科学分类，进行针对不同高校不同特点，同时结合国家法律与高校规章制度有针对性地设计考核制度。

3. 建立完善的资产经营责任制

高校资产经营公司的经营者被授权的同时有一定的决策权，这就意味着经营者也应该承担相应的责任，所以应该根据经营者责权统一原则，对公司管理者在任期内进行业绩考核，定量考核与定性考核相统一，除了科学合理考核机制以外，还应该建立相应的奖惩机制与考核机制，根据考核结果进行奖罚，激发公司经营者的工作积极性。

（二）资产经营管理领导考核机制

对管理层的考核应该有长短之分，实行年度考核与任期经营业绩考核相结合，定量考核与定性考核相结合。

1. 年度考核

年度考核，是对企业负责人的年度经营绩效进行考核，年度考核一般有基本指标和分类指标、评议指标三类。

（1）基本指标。年度考核的基本指标有两个指标，即年度总利润和净资产收益率。年度总利润是指在年度经营周期结束后，企业在整个年度经营周期中的总利润，这个数值很直观地反映企业的盈利能力，并且计算简便易于理解。但是，需要注意的是，在实际考核中应该将当年利润中用以弥补前一年度利润亏损的这一部分也算在考核指标当中，因为用以弥补亏损的利润部分仍然是今年新创造的利润，同时也是企业负责人在这一年的能力成果。净资产收益率的计算与作用已在前文分析过。

（2）分类指标。分类指标是高校资产经营公司由于处在不同的行业，具有不同的经营特点，同时也会面临不同的经营风险，在考核时针对高校特点而设计的指标。为了更加合理考核企业负责人的能力，在企业负责人的合约中根据不同的市场环境、技术水平、风险大小而设计出具体规定。分类指标在不同的高校企业中各不相同，充分体现各个高校的个体差异情况，并没有统一的固定内容，是随着具体情况改变而不断变动，因此可以更加科学合理地考核负责人的能力水平。

（3）评议指标。不同高校企业由于处在不同环境之下，因此评议指标与分类指标相同，并不能有统一的规定，同样也是多种多样。评议指标的制定应该考虑到学校的具体规章制度、利润等可以反映经营绩效的数值的改变情况，以及高校企业所采用的不同的会计核算制度。评议指标以企业原本的经营业绩为基础，将重点放在企业资产经营业绩的提升层面，根据不同企业的不同情况再具体做出确定。

2. 任期经营业绩考核

在企业负责人年度考核基础上，设定任期内考核。任期内考核就是对负责人在任期内的总经营绩效考核，比年度考核时间跨度更大，因此后者更加重要，参考性也更强。这是因为年度考核由于考察时间较短，情况偏差较大，任期内的年度业绩有好有坏，但是并不影响任期考核，只要任期的最终考核达到目标即可。与年度考核指标相似，任期考核指标也分为基本指标、分类指标与评议指标。但是与年度考核不同的是，关注点都放在任期内的总绩效，而不是每年的经营成果，相比于年度考核更加注重资产的保值增值成果、企业未来发展潜力等目标。同样，任期考核也需要负责人在上任时与学校签订目标责任书。

（1）基本指标。任期考核制度内的基本指标包括资产保值增值率和主营业务收入平均增长，这两个指标均已在前文做过分析。

（2）分类指标与评议指标。分类指标与评议指标都是根据企业所在行业不同而拥有的不同性质，以及不同市场情况下而具体情况具体制定的。

（三）负责人考核披露机制

为了保证公司负责人考核结果的公开、公正、公平，应该分级别、分层次进行考核结果披露与公示。披露分为两期,第一期的公示期间内接受来自各个部门的异议,并对异议进行调查处理,保证考核结果的真实性,在对异议处理完成后需要再次披露;第二期公示,需要注意的是公示期不宜过短。同时,负责人的考核结果应该与奖惩相关联,包括负责人的任免与提升等。

附　录

2012 年 12 月 31 日

序号	资产公司名称	学校名称
1	北大资产经营有限公司	北京大学
2	清华控股有限公司	清华大学
3	人大世纪科技发展有限公司	中国人民大学
4	北京交大资产经营有限公司	北京交通大学
5	北京北航资产经营有限公司	北京航空航天大学
6	北京理工资产经营有限公司	北京理工大学
7	北京科大资产经营有限公司	北京科技大学
8	北京北化大投资有限公司	北京化工大学
9	北京北邮资产经营有限公司	北京邮电大学
10	北京建工广厦资产经营管理中心	北京建筑工程学院
11	北京中农大地科技发展有限公司	中国农业大学
12	北京北农企业管理有限公司	北京农学院
13	北京林大资产经营有限公司	北京林业大学
14	北京首医大资产管理有限责任公司	首都医科大学
15	北京北中资产管理有限公司	北京中医药大学
16	北京师大资产经营有限公司	北京师范大学
17	北京首师大烛红资产管理有限公司	首都师范大学
18	北京中传资产管理有限公司	中国传媒大学
19	中财大投资顾问（北京）有限公司	中央财经大学
20	首经贸大（北京）资产管理有限责任公司	首都经济贸易大学
21	北京乐艺中音文化艺术有限责任公司	中央音乐学院

序号	资产公司名称	学校名称
22	北京华电天德资产经营有限公司	华北电力大学
23	中矿大（北京）资产管理有限公司	中国矿业大学（北京）
24	北京中石大新元投资有限公司	中国石油大学（北京）
25	北京中地大投资管理有限责任公司	中国地质大学（北京）
26	天津南开大学资产经营有限责任公司	南开大学
27	天津大学资产经营有限公司	天津大学
28	河北师大资产经营管理有限公司	河北师范大学
29	秦皇岛燕大产业集团有限公司	燕山大学
30	山西大学资产经营公司	山西大学
31	山西太原理工资产经营管理有限公司	太原理工大学
32	内蒙古大学奥都资产经营有限责任公司	内蒙古大学
33	大连理工大学产业投资有限公司	大连理工大学
34	沈阳工业大学科技园有限公司	沈阳工业大学
35	东北大学科技产业集团有限公司	东北大学
36	辽宁科技大学科技园发展有限公司	鞍山科技大学
37	大连交通大学资产经营有限公司	大连交通大学
38	大连海事大学投资管理有限责任公司	大连海事大学
39	辽宁工业大学科技园有限公司	辽宁工学院
40	辽宁信息职院资产经营有限责任公司	辽宁信息职业技术学院
41	沈阳工程学院资产经营有限公司	沈阳工程学院
42	锦州辽医资产经营有限公司	锦州医学院
43	吉林吉大控股有限公司	吉林大学
44	延边大学资产经营有限责任公司	延边大学
45	长春理工大学资产经营有限责任公司	长春理工大学
46	长春中医药大学国有资产经营有限责任公司	长春中医药大学
47	长春工程学院资产经营有限责任公司	长春工程学院
48	吉林东北师大资产经营有限公司	东北师范大学
49	黑龙江黑大资产经营有限公司	黑龙江大学
50	哈尔滨工业大学资产投资经营有限责任公司	哈尔滨工业大学
51	哈尔滨工程大学科技园发展有限公司	哈尔滨工程大学

附　录

续表

序号	资产公司名称	学校名称
52	东北农业大学资产经营有限公司	东北农业大学
53	哈尔滨东北林业大学资产经营有限公司	东北林业大学
54	上海复旦资产经营有限公司	复旦大学
55	上海同济资产经营有限公司	同济大学
56	上海交大产业投资管理（集团）有限公司	上海交通大学
57	上海华理资产经营有限公司	华东理工大学
58	上海理工资产经营有限公司	上海理工大学
59	上海海大资产经营有限公司	上海海事大学
60	上海东华镜月资产经营有限公司	东华大学
61	上海电院资产经营有限责任公司	上海电力学院
62	上海应翔资产经营有限公司	上海应用技术学院
63	上海水大资产经营有限公司	上海水产大学
64	上海中医大资产经营有限公司	上海中医药大学
65	上海华东师大资产经营有限公司	华东师范大学
66	上海师大资产经营有限责任公司	上海师范大学
67	上海上外资产经营管理有限公司	上海外国语大学
68	上海财大产业投资管理有限公司	上海财经大学
69	上海久利资产经营有限公司	上海对外贸易学院
70	上海体院资产经营管理有限公司	上海体育学院
71	上海公诚资产经营有限公司	上海工程技术大学
72	上海上音资产经营有限责任公司	上海音乐学院
73	上海上戏资产经营有限公司	上海戏剧学院
74	上海金院资产经营管理有限公司	上海金融学院
75	上海二工大资产经营有限公司	上海第二工业大学
76	上海昂电实业有限公司	上海电机学院
77	上海上大资产经营管理有限公司	上海大学
78	南京大学资产经营有限公司	南京大学
79	江苏苏大投资有限公司	苏州大学
80	江苏东南大学资产经营有限公司	东南大学
81	南京航空航天大学资产经营有限公司	南京航空航天大学

序号	资产公司名称	学校名称
82	南京理工大学资产经营有限公司	南京理工大学
83	江苏科大资产经营有限公司	江苏科技大学
84	徐州中国矿业大学资产经营有限公司	中国矿业大学（徐州）
85	南京工业大学资产经营有限公司	南京工业大学
86	常州大学资产经营管理有限公司	江苏工业学院
87	南京邮电大学资产经营有限责任公司	南京邮电大学
88	江苏河海大学资产经营有限公司	河海大学
89	无锡江南大学资产管理经营有限公司	江南大学
90	南京林业大学资产经营管理有限责任公司	南京林业大学
91	江苏大学资产经营管理有限公司	江苏大学
92	常州工学院资产经营有限公司	常州工学院
93	江苏翔宇科教投资集团有限公司	江苏技术师范学院
94	南京信息工程大学资产经营管理有限责任公司	南京信息工程大学
95	南通大学资产管理经营有限公司	南通大学
96	盐城工学院资产经营有限公司	盐城工学院
97	南京农业大学资产经营有限公司	南京农业大学
98	南京中医药大学资产经营有限公司	南京中医药大学
99	江苏省中国药科大学控股有限责任公司	中国药科大学
100	扬州大学资产经营有限公司	扬州大学
101	南京工程学院资产经营有限责任公司	南京工程学院
102	南京师范大学资产经营有限责任公司	南京师范大学
103	江苏师范大学资产经营有限公司	徐州师范大学
104	南京工业职业技术学院资产经营有限责任公司	南京工业职业技术学院
105	南京体育学院资产经营管理有限责任公司	南京体育学院
106	南京化工职业技术学院资产经营有限责任公司	南京化工职业技术学院
107	江苏农林职业技术学院资产经营有限公司	江苏农林职业技术学院
108	淮安市淮阴工学院资产经营有限公司	淮阴工学院
109	徐州工业职业技术学院资产经营有限公司	徐州工业职业技术学院
110	常州机电学院资产经营有限公司	常州机电职业技术学院
111	南京交通职业技术学院资产经营有限公司	南京交通职业技术学院

序号	资产公司名称	学校名称
112	常州纺院资产经营有限公司	常州纺织服装职业技术学院
113	江苏经贸职业技术学院资产管理有限公司	江苏经贸职业技术学院
114	常州信息学院资产经营有限公司	常州信息职业技术学院
115	徐州建筑职业技术学院资产经营有限公司	徐州建筑职业技术学院
116	苏州科技学院资产经营有限公司	苏州科技学院
117	浙江大学圆正控股集团有限公司	浙江大学
118	杭州电子科技大学资产经营有限公司	杭州电子科技大学
119	浙江工业大学资产经营有限公司	浙江工业大学
120	浙江理工大学资产经营有限责任公司	浙江理工大学
121	浙江海洋学院资产经营有限责任公司	浙江海洋学院
122	浙江农林大学资产经营公司	浙江林学院
123	温州医学院资产经营有限公司	温州医学院
124	浙江万里学院资产经营有限公司	浙江万里学院
125	浙江师范大学资产经营有限责任公司	浙江师范大学
126	浙江工商大学资产经营有限责任公司	浙江工商大学
127	中国美术学院资产经营有限公司	中国美术学院
128	中国计量学院资产经营有限责任公司	中国计量学院
129	宁波大学资产经营有限公司	宁波大学
130	浙江传媒学院资产经营有限责任公司	浙江传媒学院
131	安徽大学资产经营有限公司	安徽大学
132	中科大资产经营有限责任公司	中国科学技术大学
133	合肥工业大学资产经营有限公司	合肥工业大学
134	安工大资产经营有限责任公司	安徽工业大学
135	厦门大学资产经营有限公司	厦门大学
136	华侨大学（泉州）资产经营有限公司	华侨大学
137	福州大学资产经营有限公司	福州大学
138	福建工程学院资产经营有限公司	福建工程学院
139	福建农林大学资产经营管理有限责任公司	福建农林大学
140	厦门集美大学资产经营有限公司	集美大学

序号	资产公司名称	学校名称
141	福建医科大学资产经营有限公司	福建医科大学
142	福建中医药大学资产经营有限公司	福建中医学院
143	福建师范大学资产经营有限公司	福建师范大学
144	福建警察学院资产经营有限公司	福建公安高等专科学校
145	江西师大资产经营有限公司	江西师范大学
146	山东山大产业集团有限公司	山东大学
147	青岛中国海洋大学控股有限公司	中国海洋大学
148	青岛中石大控股有限公司	中国石油大学（华东）
149	青岛青大海源集团有限公司	青岛大学
150	潍坊职业学院资产经营管理有限公司	潍坊职业学院
151	郑州大学资产经营有限责任公司	郑州大学
152	郑州牧专海润资产经营有限公司	郑州牧业工程高等专科学校
153	郑州博源资产经营有限公司	郑州铁路职业技术学院
154	武汉大学资产经营投资管理有限责任公司	武汉大学
155	武汉华中科技大产业集团有限公司	华中科技大学
156	武汉科技大学资产经营有限公司	武汉科技大学
157	武汉中地大资产经营有限公司	中国地质大学（武汉）
158	武汉理工大产业集团有限公司	武汉理工大学
159	武汉华中农大资产经营有限公司	华中农业大学
160	武汉华中师大资产经营管理有限公司	华中师范大学
161	湖北湖大资产经营有限公司	湖北大学
162	武汉中南大资产经营有限责任公司	中南财经政法大学
163	湖南吉大资产经营管理有限公司	吉首大学
164	湖南大学资产经营有限公司	湖南大学
165	中南大学资产经营有限公司	中南大学
166	广州中大控股有限公司	中山大学
167	广州暨南大学资产经营有限公司	暨南大学
168	汕头大学资产经营管理有限公司	汕头大学
169	广州华南理工大学资产经营有限公司	华南理工大学

序号	资产公司名称	学校名称
170	广东华农大资产经营有限公司	华南农业大学
171	广东海洋大学湛江资产经营有限公司	广东海洋大学
172	广州中医药大学资产经营有限公司	广州中医药大学
173	广东工大资产经营有限公司	广东工业大学
174	广东华南师大资产经营管理有限公司	华南师范大学
175	深圳市深圳大学资产经营有限公司	深圳大学
176	佛山市顺德区顺大资产管理有限公司	顺德职业技术学院
177	广东南方医大资产经营有限公司	南方医科大学
178	海南海大资产管理有限公司	海南大学
179	海南医学院资产经营有限公司	海南医学院
180	广西大学资产经营有限公司	广西大学
181	广西医科大学资产经营有限公司	广西医科大学
182	广西中医学院资产经营有限公司	广西中医学院
183	四川川大科技产业集团有限公司	四川大学
184	重庆大学资产经营有限责任公司	重庆大学
185	成都西南交通大学产业（集团）有限公司	西南交通大学
186	成都电子科大资产经营有限公司	电子科技大学
187	西南石油大学资产经营有限责任公司	西南石油大学
188	成都理工大资产经营有限责任公司	成都理工大学
189	绵阳西南科技大学创业投资管理有限公司	西南科技大学
190	四川成信资产经营公司	成都信息工程学院
191	西南大学资产经营有限公司	西南大学
192	四川师范大学投资管理有限公司	四川师范大学
193	成都纺专资产经营有限责任公司	成都纺织高等专科学校
194	四川西南财大资产经营有限公司	西南财经大学
195	四川交院资产经营有限公司	四川交通职业技术学院
196	四川建筑职业技术学院资产经营有限公司	四川建筑职业技术学院
197	四川川音资产经营管理有限责任公司	四川音乐学院
198	云南大学投资管理有限公司	云南大学
199	昆明理工大学科技产业经营管理有限公司	昆明理工大学

序号	资产公司名称	学校名称
200	昆明医学院资产经营有限责任公司	昆明医学院
201	云南师范大学资产经营有限责任公司	云南师范大学
202	西安西大经营资产管理有限公司	西北大学
203	西安交大资产经营有限公司	西安交通大学
204	西安西北工业大学资产经营管理有限公司	西北工业大学
205	西安西邮资产经营管理有限公司	西安邮电学院
206	西安理工大资产经营管理有限公司	西安理工大学
207	陕西西安电子科大资产经营有限公司	西安电子科技大学
208	西安工大资产经营有限责任公司	西安工业大学
209	西安石大资产经营有限公司	西安石油大学
210	陕西科技大学资产经营公司	陕西科技大学
211	西安工程大经营性资产管理有限公司	西安工程大学
212	西安长大资产经营有限公司	长安大学
213	杨凌农科大资产经营有限公司	西北农林科技大学
214	陕西师范大学资产经营有限责任公司	陕西师范大学
215	西安音乐学院资产经营有限责任公司	西安音乐学院
216	西安美院资产经营有限责任公司	西安美术学院
217	兰州大学资产经营有限公司	兰州大学
218	兰州理工大学资产经营有限责任公司	兰州理工大学
219	兰州交通大学资产经营有限责任公司	兰州交通大学
220	兰州西北民大资产经营有限公司	西北民族大学
221	新疆大学资产经营管理有限公司	新疆大学
222	新疆农业大学资产经营管理有限公司	新疆农业大学

资料来源：教育部 2013 年发布《2012 年度全国普通高校校办产业统计分析报告》。

附表二　　全国高校资产公司资产总额排名前 100 名情况

2012 年 12 月 31 日　　　　　　　　　　单位：万元

序号	资产公司名称	资产总额
1	北大资产经营有限公司	9687609.46
2	清华控股有限公司	704880.00
3	东北大学科技产业集团有限公司	1446892.67
4	上海同济资产经营有限公司	1046610.60
5	青岛中石大控股有限公司	863563.98
6	武汉华中科技大产业集团有限公司	838711.72
7	上海交大产业投资管理（集团）有限公司	491048.97
8	成都西南交通大学产业（集团）有限公司	404383.55
9	浙江大学圆正控股集团有限公司	403953.60
10	广州中大控股有限公司	360855.81
11	西安交大资产经营有限公司	286400.98
12	中南大学资产经营有限公司	256180.57
13	山东山大产业集团有限公司	249726.20
14	武汉大学资产经营投资管理有限责任公司	184613.80
15	南京大学资产经营有限公司	183998.41
16	广州华南理工大学资产经营有限公司	122358.00
17	湖南大学资产经营有限公司	119946.20
18	四川师范大学投资管理有限公司	112636.81
19	上海复旦资产经营有限公司	96038.55
20	人大世纪科技发展有限公司	83711.17
21	江苏东南大学资产经营有限公司	76960.57
22	大连理工大学产业投资有限公司	75640.00
23	北京中农大地科技发展有限公司	73291.00
24	成都理工大资产经营有限责任公司	73165.11
25	武汉理工大产业集团有限公司	71721.29
26	北京北航资产经营有限公司	71253.98
27	四川川大科技产业集团有限公司	62049.76
28	哈尔滨工程大学科技园发展有限公司	60664.89
29	合肥工业大学资产经营有限公司	60161.62

序号	资产公司名称	资产总额
30	北京林大资产经营有限公司	52440.35
31	江苏翔宇科教投资集团有限公司	50363.37
32	秦皇岛燕大产业集团有限公司	49513.87
33	北京科大资产经营有限公司	48696.37
34	重庆大学资产经营有限责任公司	47783.78
35	中科大资产经营有限责任公司	47284.26
36	哈尔滨工业大学资产投资经营有限责任公司	44799.12
37	浙江工业大学资产经营有限公司	44551.22
38	山西太原理工资产经营管理有限公司	38040.90
39	江苏农林职业技术学院资产经营有限公司	37943.00
40	西安理工大资产经营管理有限公司	35839.33
41	上海理工资产经营有限公司	33452.00
42	厦门大学资产经营有限公司	32796.91
43	北京交大资产经营有限公司	32580.64
44	西安西北工业大学资产经营管理有限公司	31981.77
45	北京理工资产经营有限公司	29525.89
46	上海上大资产经营管理有限公司	29477.06
47	昆明理工大学科技产业经营管理有限公司	27278.63
48	吉林吉大控股有限公司	26503.00
49	广东华农大资产经营有限公司	25763.81
50	江苏科大资产经营有限公司	25543.68
51	北京北邮资产经营有限公司	25265.87
52	陕西师范大学资产经营有限责任公司	24548.34
53	武汉华中师大资产经营管理有限公司	23277.38
54	上海华理资产经营有限公司	21193.84
55	北京北化大投资有限公司	20786.00
56	西南大学资产经营有限公司	20432.70
57	兰州交通大学资产经营有限责任公司	19053.00
58	西安长大资产经营有限公司	18735.21
59	厦门集美大学资产经营有限公司	18659.59

序号	资产公司名称	资产总额
60	浙江师范大学资产经营有限责任公司	18022.01
61	云南大学投资管理有限公司	16689.47
62	北京华电天德资产经营有限公司	16292.54
63	西南石油大学资产经营有限责任公司	16276.45
64	成都电子科大资产经营有限公司	15416.35
65	杨凌农科大资产经营有限公司	15406.31
66	上海师大资产经营有限责任公司	13455.54
67	南京工业大学资产经营有限公司	13079.00
68	吉林东北师大资产经营有限公司	13021.00
69	上海华东师大资产经营有限公司	11711.58
70	上海海大资产经营有限公司	11504.00
71	上海昂电实业有限公司	11330.78
72	兰州大学资产经营有限公司	11124.87
73	北京中地大投资管理有限责任公司	10665.88
74	四川西南财大资产经营有限公司	10556.35
75	无锡江南大学资产管理经营有限公司	10480.51
76	江苏苏大投资有限公司	10230.33
77	上海财大产业投资管理有限公司	10193.00
78	北京中石大新元投资有限公司	9939.78
79	江苏河海大学资产经营有限公司	9867.60
80	北京建工广厦资产经营管理中心	9607.82
81	青岛中国海洋大学控股有限公司	9506.69
82	海南海大资产管理有限公司	9335.66
83	广西大学资产经营有限公司	9200.00
84	安工大资产经营有限责任公司	9087.04
85	广东南方医大资产经营有限公司	8838.94
86	上海应翔资产经营有限公司	8602.88
87	南京师范大学资产经营有限责任公司	8556.87
88	上海东华镜月资产经营有限公司	8489.02
89	南京理工大学资产经营有限公司	8065.31

续表

序号	资产公司名称	资产总额
90	陕西西安电子科大资产经营有限公司	8052.92
91	青岛青大海源集团有限公司	7788.50
92	北京首师大烛红资产管理有限公司	7538.66
93	南京农业大学资产经营有限公司	7344.50
94	徐州中国矿业大学资产经营有限公司	7199.90
95	上海电院资产经营有限责任公司	7075.00
96	北京师大资产经营有限公司	6922.00
97	南京工程学院资产经营有限责任公司	6770.54
98	南京中医药大学资产经营有限公司	6680.00
99	广东工大资产经营有限公司	6659.56
100	首经贸大（北京）资产管理有限责任公司	6529.00

资料来源：教育部 2013 年发布《2012 年度全国普通高校校办产业统计分析报告》。

附表三　　全国高校资产公司收入总额排名前 100 名情况

2012 年 12 月 31 日　　　　　　　　　　单位：万元

序号	资产公司名称	收入总额
1	北大资产经营有限公司	7002055.24
2	清华控股有限公司	4352417.40
3	青岛中石大控股有限公司	1373859.31
4	东北大学科技产业集团有限公司	927385.27
5	上海同济资产经营有限公司	543280.90
6	广州中大控股有限公司	438446.03
7	武汉华中科技大产业集团有限公司	381263.28
8	武汉大学资产经营投资管理有限责任公司	224472.60
9	成都西南交通大学产业（集团）有限公司	181286.94
10	山东山大产业集团有限公司	161557.82
11	浙江大学圆正控股集团有限公司	149094.08
12	上海交大产业投资管理（集团）有限公司	116282.14

附　录

序号	资产公司名称	收入总额
13	西安交大资产经营有限公司	107769.02
14	南京大学资产经营有限公司	102731.60
15	广州华南理工大学资产经营有限公司	99105.36
16	中南大学资产经营有限公司	86212.26
17	北京林大资产经营有限公司	77306.46
18	厦门大学资产经营有限公司	59428.66
19	江苏东南大学资产经营有限公司	57790.07
20	上海复旦资产经营有限公司	51159.19
21	北京中石大新元投资有限公司	50845.30
22	大连理工大学产业投资有限公司	46832.00
23	人大世纪科技发展有限公司	46108.33
24	秦皇岛燕大产业集团有限公司	41860.53
25	武汉理工大产业集团有限公司	39453.28
26	浙江工业大学资产经营有限公司	33065.99
27	北京北航资产经营有限公司	31500.02
28	西安长大资产经营有限公司	31286.42
29	重庆大学资产经营有限责任公司	30430.40
30	四川川大科技产业集团有限公司	30277.93
31	浙江师范大学资产经营有限责任公司	28780.73
32	江苏农林职业技术学院资产经营有限公司	28057.00
33	中科大资产经营有限责任公司	26289.16
34	北京科大资产经营有限公司	25397.37
35	北京建工广厦资产经营管理中心	23569.04
36	北京理工资产经营有限公司	21936.12
37	湖南大学资产经营有限公司	21922.01
38	合肥工业大学资产经营有限公司	21692.20
39	北京交大资产经营有限公司	20352.01
40	北京中农大地科技发展有限公司	20313.79
41	江苏科大资产经营有限公司	19436.32
42	上海上大资产经营管理有限公司	19307.37

— 209 —

序号	资产公司名称	收入总额
43	四川师范大学投资管理有限公司	19059.13
44	兰州交通大学资产经营有限责任公司	17669.00
45	北京北化大投资有限公司	16912.00
46	上海理工资产经营有限公司	15888.00
47	上海师大资产经营有限责任公司	14104.75
48	无锡江南大学资产管理经营有限公司	13624.43
49	南京师范大学资产经营有限责任公司	13015.52
50	西安西北工业大学资产经营管理有限公司	12260.60
51	兰州大学资产经营有限公司	11909.20
52	吉林吉大控股有限公司	11806.00
53	陕西师范大学资产经营有限责任公司	11354.08
54	昆明理工大学科技产业经营管理有限公司	10840.56
55	广东华农大资产经营有限公司	10770.57
56	上海海大资产经营有限公司	10511.00
57	福建工程学院资产经营有限公司	10353.23
58	北京首师大烛红资产管理有限公司	9631.05
59	吉林东北师大资产经营有限公司	9607.00
60	上海昂电实业有限公司	9559.56
61	武汉华中师大资产经营管理有限公司	9468.30
62	北京师大资产经营有限公司	8828.88
63	上海华东师大资产经营有限公司	8773.17
64	西安理工大资产经营管理有限公司	7477.08
65	北京华电天德资产经营有限公司	7340.90
66	北京中地大投资管理有限责任公司	6668.71
67	厦门集美大学资产经营有限公司	6315.38
68	首经贸大（北京）资产管理有限责任公司	5590.00
69	江苏大学资产经营管理有限公司	5508.69
70	江苏河海大学资产经营有限公司	5438.12
71	扬州大学资产经营有限公司	5275.39
72	杨凌农科大资产经营有限公司	5271.67

附　录

续表

序号	资产公司名称	收入总额
73	上海应翔资产经营有限公司	5072.13
74	西南石油大学资产经营有限责任公司	5060.45
75	上海电院资产经营有限责任公司	5037.00
76	哈尔滨工程大学科技园发展有限公司	4790.98
77	云南大学投资管理有限公司	4615.46
78	青岛青大海源集团有限公司	4562.06
79	上海华理资产经营有限公司	4542.19
80	哈尔滨工业大学资产投资经营有限责任公司	4504.05
81	成都电子科大资产经营有限公司	4496.06
82	四川西南财大资产经营有限公司	4474.10
83	青岛中国海洋大学控股有限公司	4158.29
84	陕西西安电子科大资产经营有限公司	3613.16
85	北京首医大资产管理有限责任公司	3418.00
86	上海上音资产经营有限责任公司	3173.40
87	江苏翔宇科教投资集团有限公司	3123.27
88	南京航空航天大学资产经营有限公司	2817.08
89	南京工程学院资产经营有限责任公司	2588.38
90	南京中医药大学资产经营有限公司	2523.00
91	上海公诚资产经营有限公司	2462.00
92	安工大资产经营有限责任公司	2398.19
93	南京林业大学资产经营管理有限责任公司	2346.85
94	南通大学资产管理经营有限公司	2288.51
95	广东南方医大资产经营有限公司	2274.01
96	上海中医大资产经营有限公司	2222.98
97	上海东华镜月资产经营有限公司	2132.02
98	辽宁科技大学科技园发展有限公司	1906.00
99	广东华南师大资产经营管理有限公司	1745.00
100	绵阳西南科技大学创业投资管理有限公司	1525.99

资料来源：教育部2013年发布《2012年度全国普通高校校办产业统计分析报告》。

附表四　　　全国高校资产公司利润总额排名前 50 名情况

2012 年 12 月 31 日　　　　　　　　　　单位：万元

序号	资产公司名称	利润总额
1	北大资产经营有限公司	199162.59
2	清华控股有限公司	184033.00
3	东北大学科技产业集团有限公司	70889.50
4	中南大学资产经营有限公司	50528.88
5	上海同济资产经营有限公司	45576.71
6	山东山大产业集团有限公司	33501.98
7	青岛中石大控股有限公司	30274.74
8	武汉华中科技大产业集团有限公司	27027.53
9	浙江大学圆正控股集团有限公司	24679.34
10	广州华南理工大学资产经营有限公司	17165.39
11	武汉大学资产经营投资管理有限责任公司	16472.40
12	成都西南交通大学产业（集团）有限公司	15436.75
13	广州中大控股有限公司	15246.37
14	广东华农大资产经营有限公司	10639.44
15	上海复旦资产经营有限公司	7934.86
16	南京大学资产经营有限公司	7513.11
17	北京林大资产经营有限公司	7259.00
18	厦门大学资产经营有限公司	6470.11
19	大连理工大学产业投资有限公司	6205.00
20	中科大资产经营有限责任公司	6122.37
21	西安交大资产经营有限公司	5996.56
22	人大世纪科技发展有限公司	5985.47
23	四川川大科技产业集团有限公司	3607.22
24	浙江工业大学资产经营有限公司	2995.92
25	江苏科大资产经营有限公司	2922.29
26	南京工程学院资产经营有限责任公司	2540.72
27	重庆大学资产经营有限责任公司	2522.24
28	上海上大资产经营管理有限公司	2422.28
29	吉林吉大控股有限公司	2337.00

续表

序号	资产公司名称	利润总额
30	江苏东南大学资产经营有限公司	2196.45
31	兰州交通大学资产经营有限责任公司	2027.00
32	北京理工资产经营有限公司	2018.35
33	陕西师范大学资产经营有限责任公司	1930.28
34	成都电子科大资产经营有限公司	1388.49
35	北京交大资产经营有限公司	1381.97
36	上海昂电实业有限公司	1346.98
37	北京华电天德资产经营有限公司	1273.77
38	北京建工广厦资产经营管理中心	1208.51
39	上海理工资产经营有限公司	1202.00
40	湖南大学资产经营有限公司	1191.03
41	哈尔滨工业大学资产投资经营有限责任公司	1164.07
42	西安西北工业大学资产经营管理有限公司	1116.99
43	江苏农林职业技术学院资产经营有限公司	1110.00
44	四川师范大学投资管理有限公司	1092.73
45	厦门集美大学资产经营有限公司	1059.71
46	南京师范大学资产经营有限责任公司	1037.28
47	宁波大学资产经营有限公司	1013.69
48	上海公诚资产经营有限公司	992.00
49	武汉理工大产业集团有限公司	985.33
50	兰州大学资产经营有限公司	937.06

资料来源：教育部 2013 年发布《2012 年度全国普通高校校办产业统计分析报告》。

附表五　全国高校资产公司净利润排名前 50 名情况

2012 年 12 月 31 日　　　　　　　　　　　　　　单位：万元

序号	资产公司名称	净利润
1	清华控股有限公司	144911.00
2	北大资产经营有限公司	144363.17
3	东北大学科技产业集团有限公司	55011.07

序号	资产公司名称	净利润
4	中南大学资产经营有限公司	49130.38
5	上海同济资产经营有限公司	34521.81
6	山东山大产业集团有限公司	28886.24
7	青岛中石大控股有限公司	24422.96
8	武汉华中科技大产业集团有限公司	20000.20
9	浙江大学圆正控股集团有限公司	19763.10
10	广州华南理工大学资产经营有限公司	14415.76
11	成都西南交通大学产业（集团）有限公司	14076.10
12	广州中大控股有限公司	12775.35
13	武汉大学资产经营投资管理有限责任公司	11240.90
14	广东华农大资产经营有限公司	10587.51
15	上海复旦资产经营有限公司	7584.74
16	南京大学资产经营有限公司	6475.63
17	北京林大资产经营有限公司	6144.81
18	厦门大学资产经营有限公司	5868.87
19	人大世纪科技发展有限公司	5811.62
20	中科大资产经营有限责任公司	5388.60
21	大连理工大学产业投资有限公司	5270.00
22	西安交大资产经营有限公司	4729.19
23	四川川大科技产业集团有限公司	2947.15
24	江苏科大资产经营有限公司	2643.80
25	南京工程学院资产经营有限责任公司	2540.72
26	浙江工业大学资产经营有限公司	2445.03
27	吉林吉大控股有限公司	2323.00
28	重庆大学资产经营有限责任公司	2313.67
29	上海上大资产经营管理有限公司	2078.30
30	陕西师范大学资产经营有限责任公司	1930.28
31	兰州交通大学资产经营有限责任公司	1702.00
32	江苏东南大学资产经营有限公司	1663.58
33	成都电子科大资产经营有限公司	1183.58

序号	资产公司名称	净利润
34	哈尔滨工业大学资产投资经营有限责任公司	1160.37
35	北京交大资产经营有限公司	1128.69
36	北京华电天德资产经营有限公司	1126.33
37	四川师范大学投资管理有限公司	1092.73
38	上海理工资产经营有限公司	1078.00
39	江苏农林职业技术学院资产经营有限公司	1047.00
40	西安西北工业大学资产经营管理有限公司	1041.22
41	上海昂电实业有限公司	1023.98
42	宁波大学资产经营有限公司	1009.43
43	南京工业大学资产经营有限公司	967.40
44	北京建工广厦资产经营管理中心	925.26
45	武汉理工大产业集团有限公司	912.26
46	南京师范大学资产经营有限责任公司	880.32
47	湖南大学资产经营有限公司	874.85
48	厦门集美大学资产经营有限公司	866.64
49	上海公诚资产经营有限公司	846.00
50	上海华理资产经营有限公司	844.77

资料来源：教育部 2013 年发布《2012 年度全国普通高校校办产业统计分析报告》。

参考文献

[1] Alchian, A. , "Some Economics of Property Rights", *Journal of IL Politico*, Vol. 30, No. 2, 1965.

[2] Ashton, C. , *Strategic Performance Measurement*, London: Business Intelligence, 1997.

[3] Berman, E. M. , West, J. P. , "Productivity Enhancement Efforts in Public and Nonprofit Organizations", *Journal of Public Productivity & Management Review*, Vol. 22, No. 2, 1998.

[4] Crawford, Gregory A. , "Information as A Strategic Contingency: Applying the Strategic Contingencies Theory of Intraorganizational Power to Academic Libraries", *Journal of College & Research Libraries*, Vol. 58, Mar 1997.

[5] Meekins Alan, "Unlocking the Potential of Performance Measurement: A Practical Implementation Guide", *Journal of Public Money and Management*, Vol. 15, No. 4, 1995.

[6] Northcott Dery, "Business Performance Measurement: Theory and Practice", *Journal of Accounting & Business Research*, Vol. 33, 2003.

[7] Ross, S. A. , "The Economic Theory of Agency: The Principle's Problem", *Journal of American Economic Review*, Vol. 63, No. 2, 1973.

[8] Sally K. Widener, "Associations Between Strategic Resource Importance and Performance Measure use: The Impact on Firm Performance", *Journal of Management Accounting Research*, Vol. 17,

No. 4，2006.

［9］［荷］阿诺德·赫特杰主编、［美］约瑟夫·E. 斯蒂格利茨等：《政府为什么干预经济》，中国物资出版社1998年版。

［10］保罗·萨缪尔森：《公共支出的纯粹理论》，《经济学与统计学评论》1954年第1期。

［11］程家旗、王俊清：《经济新常态下高校科技产业可持续发展的若干问题》，《中国高校科技》2015年第Z1期。

［12］陈兴禹、杨林：《新形势下高校资产经营公司的功能定位》，《中国高校科技》2015年第Z1期。

［13］德姆塞茨：《关于产权的理论》，载《财产权利和制度变迁》，上海三联书店1991年版。

［14］大卫杜柏伊斯：《绩效跃进》，汕头大学出版社2003年版。

［15］邓小军、杜永宏：《强化高校国有资产管理措施的思考——基于武汉大学等十一所高校的调研报告》，《会计之友》（管理论坛）2011年第6期。

［16］弗鲁博滕、佩乔维奇：《产权与经济理论：近期文献的一个综述》，载《财产权利和制度变迁》，上海三联书店1991年版。

［17］樊秀萍、赵秋雁：《高校资产经营公司有限责任的思考》，《当代经济科学》2008年第1期。

［18］郭红艳：《基于内部控制理论的河北科技师范学院固定资产管理研究》，硕士学位论文，燕山大学，2013年。

［19］关伟、李春霞：《资本经营视角下的高校资产公司股权投资探析》，《中国高校科技》2014年第Z1期。

［20］国有资产监督管理委员会业绩考核司：《中央企业经营业绩考核暂行办法辅导讲座》，经济科学出版社2004年版。

［21］何世春：《重庆市高校国有资产运营机制的研究》，硕士学位论文，重庆大学，2009年。

［22］何曙光：《高校后勤社会化及其资产管理模式的探讨》，硕士学位论文，武汉理工大学，2002年。

［23］郝秀梅、刘青勇：《浅论高校资产经营公司对下属企业的管

理》，《中国高校科技与产业化》2007 年第 4 期。

[24] 江文清：《高校国有资产管理绩效评估体系的构建初探》，《四川大学学报》（哲学社会科学版）2004 年第 3 期。

[25] ［美］科斯：《企业、市场与法律》，盛洪等译，上海三联书店 1990 年版。

[26] ［德］柯武刚、史漫飞：《制度经济学：社会秩序与公共政策》，韩朝华译，商务印书馆 2000 年版。

[27] 罗伯特·卡普兰：《杰出制造的衡量指标》，哈佛商学院出版社 1990 年版。

[28] 刘风：《试析高校资产管理现状及改革思路》，《国资管理》2008 年第 4 期。

[29] 刘恒义、云海京、陈敏：《高校资产经营公司实施内部控制的要点》，《中国高校科技与产业化》2009 年第 Z1 期。

[30] 刘永芳：《创业型大学视角下的高校资产公司：国际比较与政策选择》，《高等教育研究》2009 年第 9 期。

[31] 李捷、任冬林：《提升高校资产经营公司财务管控效率的探究》，《现代经济信息》2015 年第 8 期。

[32] 李超：《高校资产经营公司财务控制研究》，《中国高校科技》2014 年第 12 期。

[33] 李宁、史秀云：《高校资产管理与财务管理结合的途径分析》，《中国管理信息化》2015 年第 16 期。

[34] 李滟：《论高校资产管理与预算管理的有效结合》，《西南师范大学学报》（自然科学版）2013 年第 4 期。

[35] 李征峰：《高校校办企业改制探讨》，硕士学位论文，湖南大学，2003 年。

[36] 马春莺：《高校资产管理问题研究》，硕士学位论文，厦门大学，2007 年。

[37] 《马克思恩格斯全集》第 2 卷，人民出版社 1972 年版。

[38] 黎雪华、韩杰：《浅论高校资产经营公司对权属企业的管理》，《现代商业》2015 年第 6 期。

［39］奥利弗·哈特：《公司治理：理论与启示》，《经济学动态》1996年第6期。

［40］荣濡霖：《高校资产经营公司建立的作用与意义》，高校产业规范化建设工作交流会议、中国广州，2006年3月。

［41］荣泳霖：《高校资产公司建立的作用与意义（上）——清华科技产业的实践和体会》，《中国高校科技与产业化》2007年第Z1期。

［42］［冰］思拉恩·埃格特森：《新制度经济学》，吴经邦等译，商务印书馆1996年版。

［43］沈永祥：《论高校资产经营公司的性质和定位》，《现代管理科学》2007年第12期。

［44］陶星洁：《国家大学科技园管理模式与孵化体系建设问题研究》，硕士学位论文，重庆大学，2005年。

［45］王干、刘建秋：《高校资产管理实施内部控制探讨》，《扬州大学学报》（高教研究版）2010年第6期。

［46］王晓：《高校校办产业发展模式创新研究》，硕士学位论文，西北农林科技大学，2008年。

［47］王秀琴：《高校资产经营公司薪酬体系问题分析及对策研究》，《扬州大学学报》（高教研究版）2012年第6期。

［48］魏杰：《关注国企改革》，《安徽经济报》2000年6月14日第2版。

［49］吴敬琏：《现代公司与企业改革》，天津人民出版社1994年版。

［50］吴克禄：《高校资产经营公司的治理模式探析》，《中国高校科技与产业化》2007年第8期。

［51］吴宣恭：《产权理论比较》，经济科学出版社2000年版。

［52］吴新明：《资产经营公司是高校对产业进行有效管理的新型体制》，《中国高校科技与产业化》2006年第S1期。

［53］薛保兴、王涛、李华：《高校资产经营公司的组建实践》，《中国高校科技与产业化》2006年第12期。

［54］辛金国、范炜、马艳萍：《企业内部控制问题的调查与分析》，

《浙江财税与会计》2002 年第 7 期。

[55] 许青云：《高校非经营性国有资产管理存在的问题及对策探析》，《经济研究导刊》2009 年第 22 期。

[56] 肖薇、王义：《构建新型高校财务管理运行机制的研究》，中国会计学会财务管理专业委员会 2012 年学术年会暨第十八届中国财务学年会、中国上海，2012 年 11 月。

[57] 肖序、田丽敏：《企业内控制度的流程设计思路》，《甘肃农业》2006 年第 9 期。

[58] 谢秀俤：《高校国有资产管理体制改革与新型框架的建构》，硕士学位论文，福建师范大学，2006 年。

[59] 向鲜花：《多元治理型高校资产预算绩效评价模型构建》，《财会通讯》2015 年第 2 期。

[60] 许志昂、马路达：《高校非经营性国有资产管理的产权分析》，《山东社会科学》2006 年第 11 期。

[61] 余纯琦：《优化高校资产公司法人治理结构研究》，《行政事业资产与财务》2015 年第 3 期。

[62] 阎达五、杨有红：《内部控制框架的构建》，《会计研究》2001 年第 2 期。

[63] 杨光：《广东省国有企业绩效考核指标体系的构建》，硕士学位论文，暨南大学，2007 年。

[64] 袁野：《中国高校非经营性国有资产管理制度研究》，博士学位论文，吉林大学，2013 年。

[65] 杨有红、胡燕：《试论公司治理与内部控制的对接》，《会计研究》2004 年第 10 期。

[66] 张洪东：《新制度经济学视角的中国高校治理研究》，《经济研究导刊》2010 年第 36 期。

[67] 张俊民：《企业内部会计控制目标构造及其分层设计》，《会计研究》2001 年第 5 期。

[68] 张美华：《提升高校资产使用效率的路径思考——以浙江省高校固定资产管理为例》，《财政研究》2012 年第 4 期。

［69］张淑萍、雷雨：《我国内部控制理论研究述评》，《安康学院学报》2010 年第 3 期。

［70］张韵秋：《高校校办企业资产经营的问题及其对策》，《中国高校技术市场》2001 年第 Z1 期。

［71］张兆亮：《高校产业母子公司管理控制体系初探》，《中国高校科技与产业化》2008 年第 7 期。

［72］中国高校校办产业协会编，中华人民共和国教育部科技发展中心，2012 年度中国高等学校校办产业统计报告，北京理工大学出版社 2013 年版。

［73］仲宏：《高校资产管理模式的创新研究》，《科教文汇》2008 年第 1 期。

［74］张东晖：《高校资产管理绩效评估浅探》，《财会通讯》2014 年第 34 期。

［75］周伶俐、熊筱燕：《高校内部控制现状的调研报告——基于江苏 N 市高校问卷调查的研究》，中国会计学会 2013 年学术年会、中国南宁，2013 年 7 月。